BESTACTIVITYBOOKS.COM

Découvrez des Jeux Gratuits en Ligne

Disponible Ici :

BestActivityBooks.com/FREEGAMES

5 ASTUCES POUR DÉMARRER !

1) COMMENT RÉSOUDRE LES MOTS MÊLÉS

Les puzzles sont dans un format classique :

- Les mots sont cachés sans espaces, tirets, ...
- Orientation : Les mots peuvent être écrits en avant, en arrière, vers le haut, vers le bas ou en diagonale (ils peuvent être inversés).
- Les mots peuvent se chevaucher ou se croiser.

2) UN APPRENTISSAGE ACTIF

Un espace est prévu à côté de chaque mots pour noter la traduction. Pour favoriser un apprentissage actif un **DICTIONNAIRE** à la fin de cette édition vous permettra de vérifier et étendre vos connaissances. Cherchez et notez les traductions, trouvez-les dans le Puzzle et ajoutez-les à votre vocabulaire !

3) MARQUEZ LES MOTS

Vous pouvez inventer votre propre système de marquage. Peut-être en utilisez-vous déjà un ? Sinon, vous pourriez, par exemple, marquer les mots qui ont été difficiles à trouver d'une croix, ceux que vous avez aimés d'une étoile, les mots nouveaux d'un triangle, les mots rares d'un diamant, etc...

4) STRUCTUREZ VOTRE APPRENTISSAGE

Cette édition vous offre un **CARNET DE NOTES** très pratique à la fin du livre. En vacances ou en voyage ou à la maison, vous pouvez facilement organiser vos nouvelles connaissances sans avoir besoin d'un second bloc-notes !

5) VOUS AVEZ FINI TOUTES LES GRILLES ?

Allez à la section bonus **CHALLENGE FINAL** pour trouver un jeu gratuit à la fin de cette édition !

Simple et Rapide ! Découvrez notre collection de livres d'activités pour votre prochain moment de détente et **d'apprentissage**, à juste un clic de distance !

Trouvez votre prochain défi sur :

BestActivityBooks.com/MonProchainLivre

À vos marques, prêts... Partez !

Saviez-vous qu'il existe environ 7 000 langues différentes dans le monde ? Les mots sont précieux.

Nous aimons les langues et avons travaillé dur pour créer les livres de la plus haute qualité pour vous. Nos ingrédients ?

Une sélection des thématiques d'apprentissage adaptée, trois belles parts de divertissement, puis nous ajoutons une cuillère de mots difficiles et une pincée de mots rares. Nous les servons avec soin et un maximum de plaisir pour vous permettre de résoudre les meilleurs jeux de mots mêlés qui soient et d'apprendre en vous amusant !

Votre avis est essentiel. Vous pouvez participer activement au succès de ce livre en nous laissant un commentaire. Nous aimerions vraiment savoir ce que vous avez préféré dans cette édition !

Voici un lien rapide qui vous mènera à la page d'évaluation de vos commandes :

BestBooksActivity.com/Avis50

Merci pour votre aide et amusez-vous bien !

1 - Été

```
S  T  G  Y  T  B  M  U  S  I  K  P  E  F
Q  K  A  X  V  Ü  B  S  T  V  V  A  N  A
O  Y  R  A  C  C  Q  P  E  S  D  H  T  M
F  T  T  S  A  H  Q  I  R  Z  B  Y  S  I
V  A  E  Z  M  E  P  E  N  Q  K  B  P  L
Z  U  N  L  P  R  V  L  E  H  Y  B  A  I
S  C  H  W  I  M  M  E  N  R  X  Q  N  E
A  H  U  M  N  F  R  E  U  N  D  E  N  S
W  E  N  R  G  M  F  R  E  U  D  E  U  S
I  N  J  U  L  R  M  N  E  R  B  X  N  E
A  T  O  N  G  A  B  S  S  V  D  Z  G  N
S  T  R  A  N  D  U  B  R  G  P  T  V  V
R  E  I  S  E  B  D  B  J  Z  M  T  O  B
G  B  J  D  W  G  S  A  N  D  A  L  E  N
```

FREUNDE	MUSIK
CAMPING	SCHWIMMEN
STERNE	ESSEN
FAMILIE	STRAND
GARTEN	TAUCHEN
SPIELE	ENTSPANNUNG
FREUDE	SANDALEN
BÜCHER	URLAUB
MEER	REISE

2 - Adjectifs #2

```
A  B  S  T  A  R  K  D  G  S  E  Z  K  S
T  E  N  A  T  Ü  R  L  I  C  H  A  P  A
B  G  S  L  R  L  P  W  W  V  T  X  R  L
S  A  U  T  H  E  N  T  I  S  C  H  O  Z
B  B  D  L  G  T  L  O  L  N  T  Y  D  I
S  T  U  D  D  E  R  M  D  G  E  Y  U  G
S  T  O  L  Z  C  S  O  K  B  U  U  K  H
X  T  T  J  O  C  T  U  C  G  M  M  T  E
E  M  G  G  S  E  M  N  N  K  I  B  I  I
I  N  K  R  E  A  T  I  V  D  E  E  V  S
Z  O  P  E  E  L  E  G  A  N  T  N  K  S
Z  V  O  I  B  E  R  Ü  H  M  T  G  C  Q
U  C  B  N  D  R  A  M  A  T  I  S  C  H
L  I  N  T  E  R  E  S  S  A  N  T  Y  V
```

AUTHENTISCH	INTERESSANT
BERÜHMT	NATÜRLICH
HEISS	NEU
KREATIV	PRODUKTIV
BEGABT	REIN
DRAMATISCH	GESUND
ELEGANT	SALZIG
STOLZ	WILD
STARK	TROCKEN

3 - Exploration

```
F  S  U  C  H  E  M  U  T  V  F  B  W  S
H  E  X  Q  R  A  U  M  T  I  I  Z  I  L
X  R  R  F  G  K  G  W  J  Q  E  J  L  D
U  S  H  N  E  L  E  R  N  E  N  R  D  U
H  C  D  E  L  G  F  K  M  A  T  X  E  N
K  H  V  U  Ä  J  Ä  U  A  U  D  N  Y  B
S  Ö  N  U  N  F  H  L  K  F  E  G  P  E
R  P  B  M  D  K  R  T  T  R  C  E  S  K
Q  F  R  G  E  X  L  U  I  E  K  F  M  A
U  U  J  A  J  Q  I  R  V  G  U  A  S  N
L  N  W  X  C  Q  C  E  I  U  N  H  Q  N
H  G  O  I  Z  H  H  N  T  N  G  R  G  T
R  E  I  S  E  W  E  J  Ä  G  J  E  M  B
E  M  N  Q  W  M  A  D  T  W  T  N  S  N
```

AKTIVITÄT	UNBEKANNT
TIERE	SPRACHE
LERNEN	FERN
MUT	NEU
KULTUREN	GEFÄHRLICH
GEFAHREN	SUCHE
ENTDECKUNG	WILD
RAUM	GELÄNDE
AUFREGUNG	REISE
ERSCHÖPFUNG	

4 - Formes

```
H  L  S  A  U  K  N  B  M  B  C  L  M  W
T  I  E  E  V  J  A  A  Q  U  O  U  C  M
O  N  Q  W  I  D  D  N  B  X  M  G  A  K
K  I  U  Ü  J  T  R  R  T  J  U  E  E  P
U  E  A  R  G  K  E  E  H  E  D  L  B  N
G  D  D  F  R  Y  I  C  Y  E  N  L  E  P
E  K  R  E  I  S  E  H  P  U  I  I  C  O
L  U  A  L  Q  V  C  T  E  J  Y  P  K  L
A  R  T  L  W  Q  K  E  R  E  T  S  E  Y
Y  V  K  E  G  E  L  C  B  B  E  E  O  G
Y  E  M  H  K  W  V  K  E  O  Z  D  S  O
Z  Y  L  I  N  D  E  R  L  V  E  W  G  N
R  K  P  R  S  V  P  Y  R  A  M  I  D  E
P  R  I  S  M  A  S  T  O  L  L  Y  Q  M
```

BOGEN	ELLIPSE
KANTEN	HYPERBEL
QUADRAT	LINIE
KREIS	OVAL
ECKE	POLYGON
KURVE	PRISMA
KEGEL	PYRAMIDE
SEITE	RECHTECK
WÜRFEL	KUGEL
ZYLINDER	DREIECK

5 - Adjectifs #1

```
R H J X E P R S D Ü N N K U
M T U T L W I C H T I G Ü N
A K N W G J E H V E H H N S
G R G N M Z S Ö V H A X S C
R Z O K N M I N M R B T T H
O R A M Y A G T O L S S L U
S L Y M A X T E D I O C E L
S W A S B T D T E C L H R D
Z N L N R Q I X R H U W I I
Ü V X B G Q N S N A T E S G
G M X E R S A A C X K R C T
I A K T I V A U U H C T H C
G W K I R I R M E Z E K I F
E X O T I S C H S Y J D Y V
```

ABSOLUT	EHRLICH
AKTIV	WICHTIG
AROMATISCH	UNSCHULDIG
KÜNSTLERISCH	JUNG
ATTRAKTIV	LANGSAM
SCHÖN	SCHWER
EXOTISCH	DÜNN
RIESIG	MODERN
GROSSZÜGIG	

6 - Instruments de Musique

```
M G S C H L A G Z E U G Q K
U I Y T A M B U R I N I G L
N G Y U R C E L L O K T O A
D N E E F L Ö T E N L A N R
H T K I E M Y H X T A R G I
A R G M G U A L R S V R F N
R O N Y Y E H N M A I E A E
M M L M T F Y L D X E W G T
O P O S A U N E M O R X O T
N E B J B R H Q S P L G T E
I T O S A A I J Y H M I T L
K E E N N V G M C O X X N A
A W V X J O G E B N P F G E
J D T R O M M E L A Z F L B
```

BANJO	MARIMBA
FAGOTT	SCHLAGZEUG
KLARINETTE	KLAVIER
FLÖTE	SAXOPHON
GONG	TROMMEL
GITARRE	TAMBURIN
MUNDHARMONIKA	POSAUNE
HARFE	TROMPETE
OBOE	GEIGE
MANDOLINE	CELLO

7 - Échecs

```
M  V  S  S  K  P  R  E  G  E  L  N  S  W
V  E  C  T  P  L  L  J  B  I  E  H  C  E
O  P  F  E  R  I  V  Z  R  N  R  S  H  T
Z  J  C  J  F  A  E  D  W  P  N  D  W  T
K  J  I  O  P  W  T  L  G  Q  E  I  A  B
P  U  N  K  T  E  K  E  E  I  N  A  R  E
A  B  J  Ö  Y  I  S  Ö  G  R  R  G  Z  W
S  R  Y  N  V  S  O  L  N  I  O  O  J  E
S  R  L  I  I  S  B  A  E  I  E  N  A  R
I  T  U  G  B  Z  Z  N  R  N  G  A  Z  B
V  O  F  I  T  U  R  N  I  E  R  L  E  Z
Z  Z  A  N  L  J  A  X  G  E  J  F  I  I
S  P  I  E  L  E  H  D  P  G  F  M  T  D
C  H  A  M  P  I  O  N  X  A  K  L  U  G
```

GEGNER	PASSIV
LERNEN	PUNKTE
WEISS	KÖNIGIN
CHAMPION	REGELN
WETTBEWERB	KÖNIG
DIAGONAL	OPFER
KLUG	STRATEGIE
SPIEL	ZEIT
SPIELER	TURNIER
SCHWARZ	

8 - Herboristerie

```
M A J O R A N F R B L D V B
I T D J E W U E O L C C O T
N X Q G E B U N S U R C R K
Z F U I F Q G C M M V E T C
E F A P A R E H A E G S E L
Z W L O E R U E R B A T I A
Q U I N G T O L I D R R L V
K U T K A T E M N J T A H E
I Q Ä A S H B R A V E G A N
Q H T N T Y L T S T N O F D
G E S C H M A C K I I N T E
B A S I L I K U M T L S T L
K U L I N A R I S C H I C Z
S A F R A N G R Ü N J B E H
```

AROMATISCH	MAJORAN
BASILIKUM	MINZE
VORTEILHAFT	PETERSILIE
KULINARISCH	QUALITÄT
ESTRAGON	ROSMARIN
FENCHEL	SAFRAN
BLUME	GESCHMACK
ZUTAT	THYMIAN
GARTEN	GRÜN
LAVENDEL	

9 - Véhicules

```
C  F  I  K  Q  H  V  W  U  U  L  K  W  A
M  W  K  E  B  X  Y  F  Ä  H  R  E  V  B
D  V  I  O  H  T  R  A  K  T  O  R  B  O
R  R  A  K  E  T  E  H  Z  U  G  C  O  O
B  O  O  H  O  H  F  R  P  L  B  K  Y  T
U  T  L  F  J  G  F  R  H  J  S  O  W  Z
S  A  U  L  V  O  L  A  H  Z  X  B  O  L
F  X  B  O  E  B  I  D  G  T  G  E  H  T
P  I  A  S  W  R  R  E  I  F  E  N  N  V
S  T  H  S  F  L  U  G  Z  E  U  G  W  K
X  I  N  Q  C  Q  O  Q  L  T  R  F  A  O
H  U  B  S  C  H  R  A  U  B  E  R  G  D
N  V  K  R  A  N  K  E  N  W  A  G  E  N
A  U  T  O  M  L  I  M  O  T  O  R  N  S
```

KRANKENWAGEN	MOTOR
FLUGZEUG	REIFEN
BOOT	FLOSS
BUS	ROLLER
LKW	U-BOOT
WOHNWAGEN	TAXI
FÄHRE	TRAKTOR
RAKETE	ZUG
HUBSCHRAUBER	FAHRRAD
U-BAHN	AUTO

10 - Camping

```
D B S F L A B E N T E U E R
W N Q E B M Y Q A S O C C O
X X L H I J H U T K I T J H
C W A L D L Ä K S X I Y A X
I Y U F M M N C A K S A G M
I N S E K T G Q G N Q T D F
V J R U O B E R G V U D X V
E C Ü E M E M X W W R M T I
N F S R P K A B I N E O T A
K F T K A R T E H A M N Y A
E P U X S N T I D T E D Z K
A C N R S Z E R E U V M E B
R X G O E G R R L R O X L X
T L A T E R N E M Q E K T Q
```

TIERE	FEUER
ABENTEUER	WALD
KOMPASS	HÄNGEMATTE
KABINE	INSEKT
KANU	SEE
KARTE	LATERNE
HUT	MOND
JAGD	BERG
SEIL	NATUR
AUSRÜSTUNG	ZELT

11 - Conservation

```
V M R Z Y K L U S Ö G N G Y
P E O D C L X K W K S A E I
E L R B N I H W A O R T S S
S E G S A M N B S S E Ü U S
T B A A C A H I S Y C R N R
I E N K H H I L E S Y L D E
Z N I G H I M D R T C I H D
I S S T A Q W U O E E C E U
D R C G L N B N T M L H I Z
K A H D T I M G V Z N H T I
W U N Q I T O J K Z U B P E
N M Y P G R Ü N O K L N Z R
F R E I W I L L I G E C G E
U F U M W E L T I G Z V C N
```

FREIWILLIGE	NATÜRLICH
KLIMA	ORGANISCH
ZYKLUS	PESTIZID
NACHHALTIG	VERSCHMUTZUNG
WASSER	RECYCELN
UMWELT	REDUZIEREN
ÖKOSYSTEM	GESUNDHEIT
BILDUNG	GRÜN
LEBENSRAUM	

12 - Écologie

```
R J E P U K M F G N L Q F G
P E K S V L O A U A E W R L
V O S X L I O U V T B E E O
A F F S U M E N W Ü E N I B
Y N R B O A M A D R N A W A
D Ü R R E U A V S L S C I L
D B X O L B R A V I R H L P
X N E F H G I C I C A H L F
K X X R C C N W E H U A I L
F T Y Q G U E J L N M L G A
L L E A B E S A F A R T E N
Q L O S U M P F A T F I R Z
G Y A R P Q N W L U R G M E
T I C O A O L F T R W I D N
```

FREIWILLIGE	SUMPF
KLIMA	MARINE
VIELFALT	BERGE
NACHHALTIG	NATUR
ART	NATÜRLICH
FAUNA	PFLANZEN
FLORA	RESSOURCEN
GLOBAL	DÜRRE
LEBENSRAUM	

13 - Astronomie

```
A  S  Y  O  M  C  N  P  C  F  W  A  M  F
G  Q  A  K  Z  F  E  L  A  I  Y  M  W  V
A  H  B  O  A  E  B  A  S  N  F  K  B  Q
S  R  P  N  R  D  E  N  T  S  X  J  L  B
T  L  H  S  B  T  L  E  E  T  M  B  W  Y
R  A  T  T  D  I  G  T  R  E  R  D  E  S
O  B  S  E  R  V  A  T  O  R  I  U  M  T
N  G  R  L  A  J  L  F  I  N  P  I  E  R
O  U  C  L  K  U  A  H  D  I  R  H  T  A
M  C  Z  A  E  M  X  S  I  S  M  W  E  H
W  I  R  T  T  V  I  R  O  M  U  P  O  L
M  R  H  I  E  Y  E  F  K  L  M  T  R  U
Z  B  K  O  S  M  O  S  N  H  A  E  S  N
A  E  S  N  M  O  N  D  Z  B  C  R  L  G
```

ASTEROID	MOND
ASTRONOM	METEOR
HIMMEL	NEBEL
KONSTELLATION	OBSERVATORIUM
KOSMOS	PLANET
FINSTERNIS	STRAHLUNG
RAKETE	SOLAR
GALAXIE	ERDE

14 - Types de Cheveux

```
G Z W L K K F W Z I U Y F G
E G Q E Y L W G E I V H R E
S P R S I L B E R L F K Z F
U X B C S C I T V A L N B L
N J M H R N H G O Q U I L O
D E C W Q P K T D Ü N N G C
T X D A L I T R Z B U G Y H
L O S R O B L O N D V T B T
A O B Z C L A C U V H T Z E
B L O C K E N K A H L W S N
R H X J I M G E X W K U R Z
A N B F G L Ä N Z E N D X Q
U D I C K W E I S S Q W O V
N F A R B I G E P Y J D G X
```

SILBER	LOCKIG
WEISS	GRAU
BLOND	LANG
LOCKEN	BRAUN
GLÄNZEND	DÜNN
KAHL	SCHWARZ
FARBIG	WELLIG
KURZ	GESUND
WEICH	TROCKEN
DICK	GEFLOCHTEN

15 - Restaurant #1

```
C  F  L  K  A  S  S  I  E  R  E  R  R  A
H  T  G  A  O  F  F  G  A  A  X  S  C  L
S  M  Y  F  J  L  E  B  E  T  B  Q  F  L
C  L  X  F  K  E  L  L  N  E  R  I  N  E
H  J  O  E  M  I  E  A  M  W  O  M  K  R
Ü  S  D  E  S  S  E  R  T  E  T  O  Ü  G
S  E  O  Z  C  C  C  I  M  G  S  M  C  I
S  R  L  S  I  H  T  F  D  E  I  S  H  E
E  V  V  E  S  E  S  S  E  N  N  O  E  E
L  I  I  K  L  E  G  B  T  H  F  Ü  H  R
R  E  S  E  R  V  I  E  R  U  N  G  Y  B
M  T  J  W  Ü  R  Z  I  G  H  P  E  G  M
W  T  T  E  L  L  E  R  Z  N  C  Q  K  B
E  E  C  M  P  Q  T  V  Z  W  Z  A  B  N
```

ALLERGIE	MENÜ
TELLER	ESSEN
SCHÜSSEL	BROT
KAFFEE	HUHN
KASSIERER	RESERVIERUNG
MESSER	SOSSE
KÜCHE	KELLNERIN
DESSERT	SERVIETTE
WÜRZIG	FLEISCH

16 - Mammifères

```
W K Ä N G U R U W E D Q Z L
O A A O I O F U C H S W Z Ö
L T B Ä R T R K O J O T E W
F Z H N A O I I E Q W K B E
A E U D F D Q G L C F Y R I
X N N A F F E E E L B G A G
J A D N E U G L Q R A Q Y Z
L E E X L B S P F E R D A K
S L V Y E H U U P I F V I R
T F T P F S V A H H N D Q X
I T A W A C I U V L B Y I O
E F P F N H A S E S Z H C E
R A W V T A J O T P P P Z M
I X A V R F W A L I V L A Z
```

WAL
KATZE
PFERD
HUND
KOJOTE
DELFIN
ELEFANT
GIRAFFE
GORILLA
KÄNGURU

HASE
LÖWE
WOLF
SCHAF
BÄR
FUCHS
AFFE
STIER
TIGER
ZEBRA

17 - Sports

```
B V H L O S S V G W G R H G
A V Q A B P T T C V O J J K
S V Z L B I H E A J L P K M
E A T H L E T G N D F P G S
B Y F C I L W N W N I L Y T
A G E W I N N E R D I O M R
L S P I E L E R G K Q S N A
L F A H R R A D F U I D A I
B A S K E T B A L L N E S N
M A N N S C H A F T T G T E
G Y M N A S I U M M S V I R
E I S H O C K E Y W L D K O
J S C H W I M M E N S W U A
M E I S T E R S C H A F T W
```

ATHLET	GYMNASTIK
BASEBALL	EISHOCKEY
BASKETBALL	SPIEL
MEISTERSCHAFT	SPIELER
TRAINER	BEWEGUNG
MANNSCHAFT	SCHWIMMEN
GEWINNER	STADION
GOLF	TENNIS
GYMNASIUM	FAHRRAD

18 - Chocolat

```
C U G P U L V E R A V B F E
A N T I O X I D A N S X A R
J U S K A L O R I E N Q V D
X O Ü K O K O S N U S S O N
K Ö S T L I C H X M A K R Ü
F N S G E S C H M A C K I S
V E R L A N G E N Q R G T S
Z K A R A M E L L U U O N E
U Y Z E K A K A O A O W M Y
C Y B Z U T A T C L S U J A
K H G E E C W F S I L L K X
E B U P Z F E X O T I S C H
R A Z T C Q K A R Ä Q M V J
B I T T E R M M F T T S Y G
```

BITTER	EXOTISCH
ANTIOXIDANS	FAVORIT
AROMA	ZUTAT
ERDNÜSSE	KOKOSNUSS
KAKAO	PULVER
KALORIEN	QUALITÄT
KARAMELL	REZEPT
KÖSTLICH	GESCHMACK
SÜSS	ZUCKER
VERLANGEN	

19 - Mathématiques

```
P O L Y G O N R A D I U S L
W N O S B N P A R A L L E L
R T X O D E X Y I S S S D Q
D S U B E X X G T F S E U U
D C Y M B P Q O H X U N R A
G Z D M L O S U M M E K C D
L E W W M N J Z E R U R H R
E I O V I E Q X T E J E M A
I V J M I N T T I C Y C E T
C L G C E T K R K H Q H S Q
H G C X D T J E I T E T S O
U M F A N G R O L E O U E A
N Y P V D R E I E C K Z R F
G D E Z I M A L E K U G E L
```

WINKEL	PARALLEL
ARITHMETIK	SENKRECHT
QUADRAT	POLYGON
UMFANG	RADIUS
DEZIMAL	RECHTECK
DURCHMESSER	SUMME
EXPONENT	KUGEL
GLEICHUNG	SYMMETRIE
GEOMETRIE	DREIECK

20 - Mythologie

```
K  R  E  A  T  I  O  N  P  W  Y  O  B  M
X  O  K  D  O  N  N  E  R  K  H  M  L  O
V  E  R  H  A  L  T  E  N  A  A  Z  I  N
V  N  I  E  M  E  A  A  E  Z  A  V  T  S
Y  T  E  L  A  B  Y  R  I  N  T  H  Z  T
X  S  G  D  G  E  K  C  F  Z  T  L  U  E
H  T  E  H  I  G  R  H  E  B  S  P  Y  R
L  E  R  P  S  P  E  E  R  R  A  C  H  E
E  R  L  T  C  Z  A  T  S  T  Ä  R  K  E
G  B  Y  D  H  J  T  Y  U  S  B  L  B  S
E  L  V  N  I  Q  U  P  C  A  N  T  A  S
N  I  E  D  I  N  R  Z  H  N  O  Z  G  X
D  C  K  U  L  T  U  R  T  Z  N  E  G  D
E  H  R  X  G  O  T  T  H  E  I  T  E  N
```

ARCHETYP	HELD
VERHALTEN	EIFERSUCHT
KREATION	LABYRINTH
KREATUR	LEGENDE
KULTUR	MAGISCH
GOTTHEITEN	MONSTER
BLITZ	STERBLICH
STÄRKE	DONNER
KRIEGER	RACHE
HELDIN	

21 - Restaurant #2

L	S	K	Y	A	N	G	R	C	O	Q	F	H	G
G	A	J	Z	G	B	K	E	L	L	N	E	R	E
V	L	P	J	E	I	E	K	U	C	H	E	N	M
U	A	M	Y	W	K	W	N	R	K	X	K	U	Ü
G	T	I	I	Ü	J	L	S	D	B	P	B	R	S
J	E	T	B	R	H	W	T	R	E	E	D	R	E
M	S	T	F	Z	V	B	B	Q	I	S	F	Y	F
L	A	A	R	E	W	A	S	S	E	R	S	N	S
Ö	L	G	U	Ä	N	J	U	F	R	E	G	E	P
F	Z	E	C	X	N	U	D	E	L	N	A	K	N
F	I	S	H	D	E	K	M	X	K	K	B	X	G
E	I	S	T	U	H	L	R	V	G	O	E	R	S
L	A	E	C	S	U	P	P	E	A	J	L	D	M
B	I	N	Y	H	K	Ö	S	T	L	I	C	H	U

GETRÄNK	KUCHEN
STUHL	EIS
LÖFFEL	GEMÜSE
MITTAGESSEN	NUDELN
KÖSTLICH	EIER
ABENDESSEN	FISCH
WASSER	SALAT
GEWÜRZE	SALZ
GABEL	KELLNER
FRUCHT	SUPPE

22 - Couleurs

```
W R B L A U M A G E N T A X
Y O R A N G E Z Z H X Q Z R
D K A O D R F U C H S I E G
T F U C T A K R V O F S W L
P Y N J C U F B E I G E N W
A U G E L B M L I L A P P N
V V R Z Y A N A Y Z J I E V
Y I J P A F W U R O S A H J
Q T N U U B R U W Z Q X Y
T V J D L R M G M E Z D L V
V R G S I Q U K W I D G C I
G X C I Z G R J D S B R V A
E W M G Z L O S S S N Ü Y P
S C H W A R Z B Y I M N V O
```

AZURBLAU	MAGENTA
BEIGE	BRAUN
WEISS	SCHWARZ
BLAU	ORANGE
PURPUR	ROSA
ZYAN	ROT
FUCHSIE	SEPIA
GRAU	GRÜN
INDIGO	LILA
GELB	

23 - Avions

```
B  Q  P  N  A  U  F  B  L  A  S  E  N  W
S  R  J  K  E  L  M  B  A  K  L  A  Q  A
D  B  E  F  H  V  O  H  B  L  U  T  A  S
P  W  Z  N  Q  D  T  C  S  A  L  M  B  S
R  I  Q  E  N  N  O  R  T  N  G  O  E  E
O  H  L  B  V  S  R  E  I  D  E  S  N  R
P  S  L  O  P  Y  T  W  E  U  S  P  T  S
E  Z  O  O  T  U  J  O  G  N  C  H  E  T
L  H  I  M  M  E  L  W  F  G  H  Ä  U  O
L  R  I  C  H  T  U  N  G  F  I  R  E  F
E  G  I  P  L  D  B  A  C  L  C  E  R  F
R  E  C  A  H  Y  V  X  F  U  H  Ö  H  E
P  A  S  S  A  G  I  E  R  F  T  Q  U  N
T  U  R  B  U  L  E  N  Z  T  E  C  O  G
```

LUFT	AUFBLASEN
ATMOSPHÄRE	HÖHE
LANDUNG	PROPELLER
ABENTEUER	GESCHICHTE
BALLON	WASSERSTOFF
BRENNSTOFF	MOTOR
HIMMEL	PASSAGIER
ABSTIEG	PILOT
RICHTUNG	TURBULENZ
CREW	

24 - Aventure

```
R A T A P F E R K E I T V U
E Q U H N A V I G A T I O N
I S I S C V G J U Ü O Q R G
S E F Q F Q E J S B W L B E
E Z W R M L C Y N E U M E W
N W Z I E L U Z A R K R R Ö
J D N S X U G G T R V V E H
C H A N C E D Q U A J F I N
F R A H J C Q E R S A R T L
A K T I V I T Ä T C K O U I
G E F Ä H R L I C H P U N C
C Q S I C H E R H E I T G H
L R X D R S C H Ö N H E I T
H X R B P N B B H D J K U P
```

AKTIVITÄT	FREUDE
SCHÖNHEIT	NATUR
TAPFERKEIT	NAVIGATION
CHANCE	NEU
GEFÄHRLICH	VORBEREITUNG
ZIEL	SICHERHEIT
AUSFLUG	ÜBERRASCHEND
UNGEWÖHNLICH	REISEN
ROUTE	

25 - Ville

```
Z O O D Q Y M U S E U M B S
B Ä C K E R E I T E C R C U
U I Y Z C C W V A B A N K P
N V B G H Q M R D K V Y C E
I G A L E R I E I I S D N R
V M P Z I Z I P O N J H R M
E R O C V O S P N O S W D A
R M T T Y D T H E A T E R R
S A H H G S C H U L E T M K
I R E H O T E L E G N M C T
T K K L I N I K T K G B W P
Ä T E R E S T A U R A N T K
T B U C H H A N D L U N G T
B L U M E N H Ä N D L E R Q
```

BANK	MARKT
BIBLIOTHEK	MUSEUM
BÄCKEREI	APOTHEKE
KINO	RESTAURANT
KLINIK	STADION
SCHULE	SUPERMARKT
BLUMENHÄNDLER	THEATER
GALERIE	UNIVERSITÄT
HOTEL	ZOO
BUCHHANDLUNG	

26 - Cuisine

```
E G X G S E R V I E T T E K
B Z G R C C C H K K F H O Ü
O I A I H K H X M R P N M H
Q F B L W E S Ü E U O T E L
G T E L A L C G S G P J S S
R T L N M L H E S S E N S C
H E N J M E Ü W S T E A E H
B F Z Y U M R Ü T A L L R R
B W G E D F Z R Ä S N Ö E A
K N W X P L E Z B S N F L N
X T H R F T Y E C E X F Z K
V L B T U V X V H N Y E K M
U I R X U T V H E P B L L X
L G M I D V E W N N H Z U J
```

ESSSTÄBCHEN
SCHÜSSEL
MESSER
KRUG
LÖFFEL
GEWÜRZE
SCHWAMM
OFEN
GABELN

GRILL
KELLE
ESSEN
REZEPT
KÜHLSCHRANK
SERVIETTE
SCHÜRZE
TASSEN

27 - Corps Humain

```
D  O  P  N  G  W  R  D  F  K  L  N  D  D
M  U  N  D  H  I  N  C  I  K  I  N  N  H
O  A  T  U  C  K  V  W  N  N  P  A  M  C
H  V  G  G  Y  G  J  E  G  Ö  P  S  E  A
R  K  I  E  F  E  R  R  E  C  E  E  T  L
H  V  P  S  N  J  K  W  R  H  N  X  E  S
A  C  A  I  E  E  C  B  G  E  H  I  R  N
U  H  U  C  F  L  D  H  A  L  P  E  L  T
T  A  O  H  W  L  A  I  A  C  J  T  R  X
S  L  F  T  D  B  L  U  T  N  M  L  L  Z
V  S  K  Y  J  O  K  F  N  S  D  O  L  C
W  Y  O  V  B  G  S  C  H  U  L  T  E  R
Y  D  P  Z  W  E  K  N  I  E  X  Q  K  E
M  D  F  F  X  N  B  O  A  N  N  C  H  M
```

MUND	LIPPEN
GEHIRN	HAND
KNÖCHEL	KIEFER
HALS	KINN
ELLBOGEN	NASE
HERZ	OHR
FINGER	HAUT
MAGEN	BLUT
SCHULTER	KOPF
KNIE	GESICHT

28 - Épices

```
K S A L Z K I L H Y E C M C
N A D W I V A N I L L E U U
O F R E M N F N G P P P S R
B R X D T J N C E W F A K R
L A B A A D P S S F E P A Y
A N L I Q M U L C E F R T Z
U C A C T N O R H N F I N W
C T K C E T Q M M C E K U I
H X R X J L E W A H R A S E
X E I Y B S H R C E W V S B
K L T U N C N E K L P Z A E
D K Z A N I S Y I D C F U L
M S E C F K O R I A N D E R
K R E U Z K Ü M M E L F R E
```

SAUER	INGWER
KNOBLAUCH	MUSKATNUSS
BITTER	ZWIEBEL
ANIS	PAPRIKA
ZIMT	PFEFFER
KARDAMOM	LAKRITZE
KORIANDER	SAFRAN
KREUZKÜMMEL	GESCHMACK
CURRY	SALZ
FENCHEL	VANILLE

29 - Science

```
S M B F E V O L U T I O N T
D E J W B X M E T H O D E A
T I B C J J P D X J P A K T
K L I M A Y Y E N R E T B S
O V F J P A S X R A A E P A
A T O M C H O G D I T N P C
R I T R G E Y O E H M U T H
M B C H E M I S C H O E R E
R U E O F O S S I L L D N W
G T V P P A R T I K E L Q T
X H Y P O T H E S E K W E M
L A B O R W X S N G Ü C L B
Y F E T M I N E R A L I E N
O R G A N I S M U S E Q M K
```

ATOM	LABOR
CHEMISCH	METHODE
KLIMA	MINERALIEN
DATEN	MOLEKÜLE
EXPERIMENT	NATUR
EVOLUTION	ORGANISMUS
TATSACHE	PARTIKEL
FOSSIL	PHYSIK
HYPOTHESE	

30 - Chats

```
S  V  D  K  M  L  J  V  N  X  O  T  E  B
L  C  M  R  Q  U  Ä  Z  S  A  T  Q  P  T
R  P  H  A  G  X  G  F  I  A  K  B  L  K
V  F  O  L  U  N  E  U  G  I  E  R  I  G
E  O  X  L  A  S  R  T  W  W  V  T  E  G
R  T  J  E  E  F  E  L  L  I  P  A  B  D
S  E  W  P  T  K  E  J  O  T  L  G  E  R
P  I  E  W  X  O  K  N  S  O  H  D  V  G
I  G  N  D  A  M  P  J  D  K  X  X  O  R
E  M  I  E  N  I  M  S  C  H  N  E  L  L
L  V  G  H  H  S  P  G  V  M  T  G  L  N
T  K  S  L  S  C  H  W  A  N  Z  A  S  N
S  U  N  A  B  H  Ä  N  G  I  G  R  J  E
V  E  R  R  Ü  C  K  T  C  R  W  N  A  T
```

LIEBEVOLL	KRALLE
JÄGER	UNABHÄNGIG
NEUGIERIG	PFOTE
SCHLAFEN	WENIG
KOMISCH	SCHWANZ
VERSPIELT	SCHNELL
GARN	WILD
VERRÜCKT	MAUS
FELL	

31 - Vêtements

```
P  K  I  L  D  K  H  Z  P  S  F  S  K  H
U  S  C  H  U  H  X  T  J  A  G  C  L  E
L  J  O  T  A  R  M  B  A  N  D  H  E  M
L  G  E  O  K  O  I  G  C  D  S  L  I  D
O  T  Ü  A  L  C  S  R  K  A  C  A  D  B
V  O  A  R  N  K  C  Q  E  L  H  F  H  L
E  O  T  J  T  S  H  U  T  E  Ü  A  A  U
R  B  W  L  W  E  A  T  L  N  R  N  L  S
H  M  U  C  S  V  L  M  P  E  Z  Z  S  E
H  A  N  D  S  C  H  U  H  E  E  U  K  L
O  N  M  O  D  E  E  D  I  Z  A  G  E  C
S  T  H  W  N  F  E  I  M  O  I  L  T  V
E  E  Q  F  S  L  N  V  A  B  F  O  T  N
Z  L  Y  T  J  I  X  T  P  F  T  K  E  S
```

ARMBAND	ROCK
GÜRTEL	MANTEL
HUT	MODE
SCHUH	HOSE
HEMD	PULLOVER
BLUSE	SCHLAFANZUG
HALSKETTE	KLEID
SCHAL	SANDALEN
HANDSCHUHE	SCHÜRZE
JEANS	JACKE

32 - Arts Visuels

```
S  T  A  F  F  E  L  E  I  W  T  L  P  K
K  R  E  I  D  E  Y  W  A  C  H  S  E  Ü
G  E  M  Ä  L  D  E  X  R  S  B  T  R  N
S  K  U  L  P  T  U  R  C  C  L  I  S  S
K  F  T  L  E  U  P  Y  H  H  E  F  P  T
E  U  I  W  K  H  O  U  I  A  I  T  E  L
R  F  H  L  R  O  R  N  T  B  S  L  K  E
A  U  T  K  M  L  T  Q  E  L  T  N  T  R
M  Y  B  C  D  Z  R  A  K  O  I  L  I  S
I  T  O  N  F  K  Ä  I  T  N  F  B  V  L
K  V  Q  A  L  O  T  D  U  E  T  T  E  A
P  V  S  O  O  H  T  X  R  P  H  V  Q  C
H  T  H  R  J  L  J  O  H  I  C  Q  I  K
M  E  I  S  T  E  R  W  E  R  K  X  F  Z
```

ARCHITEKTUR	FILM
TON	GEMÄLDE
KÜNSTLER	PERSPEKTIVE
KERAMIK	FOTO
HOLZKOHLE	SCHABLONE
MEISTERWERK	PORTRÄT
STAFFELEI	SKULPTUR
WACHS	STIFT
KREIDE	LACK
BLEISTIFT	

33 - Méditation

```
J  F  L  P  H  O  X  H  W  E  B  R  K  U
J  R  E  V  E  R  S  T  A  N  D  U  L  F
M  I  H  A  S  R  I  P  C  N  A  H  A  D
I  E  R  H  N  T  S  K  H  Z  E  I  R  A
T  D  E  A  N  N  I  P  M  D  O  G  H  N
G  E  E  L  M  B  A  L  E  V  P  Q  E  K
E  N  V  T  J  F  O  H  L  K  A  K  I  B
F  H  A  U  Y  I  R  Y  M  E  T  A  T  A
Ü  Y  L  N  H  T  F  T  U  E  M  I  T  R
H  T  Y  G  N  M  L  A  S  G  U  N  V  K
L  E  R  N  E  N  C  M  I  Z  N  A  Z  E
G  E  D  A  N  K  E  N  K  D  G  T  W  I
B  E  W  E  G  U  N  G  Z  R  S  U  W  T
G  E  I  S  T  I  G  L  Ü  C  K  R  Q  N
```

ANNAHME	GEISTIG
LERNEN	BEWEGUNG
GLÜCK	MUSIK
RUHIG	NATUR
KLARHEIT	FRIEDEN
MITGEFÜHL	GEDANKEN
LEHRE	PERSPEKTIVE
VERSTAND	HALTUNG
WACH	ATMUNG
DANKBARKEIT	STILLE

34 - Littérature

```
B R Z A N A L Y S E A N B M
I S E X O F Z V Q R U R F E
O D T I I P M W G Z T H I T
G I Z T M V L V M Ä O Y K A
R A N E K D O T E H R T T P
A L J V O N O V I L N H I H
P O E T I S C H N E A M O E
H G T H E M A F U R N U N R
I Z E K X B B H N O A S B T
E L P D X B S Q G M L D U Z
C V L H I T L D F A O Z L V
P P G N O C O W X N G C G R
U Y M F B M H W O F I E X Y
P A W C N O S T I L E V X G
```

ANALOGIE	MEINUNG
ANALYSE	GEDICHT
ANEKDOTE	POETISCH
AUTOR	REIM
BIOGRAPHIE	ROMAN
DIALOG	RHYTHMUS
FIKTION	STIL
METAPHER	THEMA
ERZÄHLER	

35 - Nourriture #1

L	I	U	Y	Y	H	M	Q	G	E	R	S	T	E
K	N	O	B	L	A	U	C	H	T	I	A	Z	K
Z	U	C	K	E	R	S	U	P	P	E	F	L	A
I	T	S	A	L	Z	M	Z	Z	Y	X	T	L	F
T	H	P	R	B	A	S	I	L	I	K	U	M	F
R	U	I	O	S	L	K	M	L	B	M	O	R	E
O	N	N	T	S	Q	Q	T	G	C	X	Z	Ü	E
N	F	A	T	R	Z	U	S	K	D	H	W	B	D
E	I	T	E	B	I	R	N	E	T	O	I	E	W
U	S	S	W	U	H	E	R	D	B	E	E	R	E
R	C	M	A	F	I	X	K	Y	M	T	B	R	Q
V	H	N	F	L	E	I	S	C	H	L	E	A	R
U	Q	U	B	W	A	U	R	O	N	F	L	D	J
G	B	K	J	R	T	T	W	M	B	F	T	N	Y

KNOBLAUCH	RÜBE
BASILIKUM	ZWIEBEL
KAFFEE	GERSTE
ZIMT	BIRNE
KAROTTE	SALAT
ZITRONE	SALZ
SPINAT	SUPPE
ERDBEERE	ZUCKER
SAFT	THUNFISCH
MILCH	FLEISCH

36 - Jours et Mois

```
F Z A D D O N N E R S T A G
V H P D I E N S T A G Y I E
V T R K Z O J N A T O S K L
Z M I T T W O C H M D E A B
J U L I A N T K S O S P A Y
A U G U S T Y A O N M T I O
N R I Y N P P L N A O E A Y
U F G W O C H E N T N M F G
A E K Z V T G N T G T B R K
R B S A E I A D A F A E E D
Z R G Q M Y T E G J G R I U
J U N I B H J R L X C O T A
U A L P E M Ä R Z U L K A V
I R A I R O K T O B E R G P
```

AUGUST	DIENSTAG
APRIL	MÄRZ
KALENDER	MITTWOCH
SONNTAG	MONAT
FEBRUAR	NOVEMBER
JANUAR	OKTOBER
DONNERSTAG	SAMSTAG
JULI	WOCHE
JUNI	SEPTEMBER
MONTAG	FREITAG

37 - Championnat

```
B T F I N A L I S T X E A S
D L I T L B U H S G H K S T
C C Q T R X H S P O R T P R
M E D A I L L E D Q Y J E A
C H A M P I O N T A N O R T
M O T I V A T I O N U H F E
R M A N N S C H A F T E O G
S I N O A H P T X X R A R I
I Z C L I G A I T S A T M E
E O X H N N P B E L I M A N
G G M Z T G O T N L N E N V
M S C H W E I S S E E N C K
X E J L T U R N I E R X E R
M E I S T E R S C H A F T I
```

CHAMPION	MEDAILLE
MEISTERSCHAFT	MOTIVATION
AUSDAUER	PERFORMANCE
TRAINER	ATMEN
MANNSCHAFT	SPORT
FINALIST	STRATEGIE
SPIELE	TURNIER
RICHTER	SCHWEISS
LIGA	SIEG

38 - Pirates

K	B	C	G	K	I	K	D	G	E	F	A	H	R
Q	A	P	C	D	P	K	X	O	E	S	S	S	I
A	V	P	E	H	U	O	U	L	H	M	M	H	I
F	S	C	I	W	U	M	T	D	E	K	N	A	N
P	L	U	W	T	B	E	Ü	V	W	A	D	R	S
A	E	A	Y	U	Ä	U	O	N	T	R	U	M	E
P	G	O	G	U	A	N	A	Z	Z	T	G	O	L
A	E	Z	B	G	O	S	C	H	W	E	R	T	A
G	N	E	L	Z	E	T	R	R	D	U	N	L	N
E	D	A	O	O	E	R	E	B	A	P	A	U	K
I	E	N	K	G	C	A	W	W	M	Y	R	F	E
H	Ö	H	L	E	K	N	S	K	H	W	B	L	R
S	C	H	A	T	Z	D	K	V	W	V	E	W	X
S	C	H	L	E	C	H	T	L	O	K	G	N	D

ANKER
KAPITÄN
KARTE
NARBE
GEFAHR
FLAGGE
SCHWERT
CREW
HÖHLE
INSEL

LEGENDE
SCHLECHT
OZEAN
GOLD
PAPAGEI
MÜNZEN
STRAND
RUM
SCHATZ

39 - Activités

```
I  W  N  Q  Y  J  V  C  N  T  H  I  M  Q
D  N  S  F  F  Y  Q  S  A  J  R  F  A  T
A  K  T  I  V  I  T  Ä  T  M  O  Ä  G  T
S  U  L  E  S  E  N  I  C  L  P  H  I  C
P  N  F  K  R  J  T  M  W  D  V  I  E  K
I  S  O  E  X  E  R  O  A  R  P  G  N  W
E  T  T  R  J  F  S  D  N  G  U  K  S  G
L  B  O  A  V  R  B  S  D  J  F  E  T  S
E  L  G  M  F  E  O  S  E  M  M  I  F  N
D  P  R  I  Q  I  R  J  R  N  A  T  Z  Ä
Z  J  A  K  H  Z  W  A  N  G  E  L  N  H
Z  N  F  R  V  E  R  G  N  Ü  G  E  N  E
H  X  I  Q  B  I  W  D  Y  R  N  A  W  N
G  Y  E  Q  S  T  G  E  M  Ä  L  D  E  V
```

AKTIVITÄT	LESEN
KUNST	FREIZEIT
CAMPING	MAGIE
KERAMIK	GEMÄLDE
JAGD	ANGELN
FÄHIGKEIT	FOTOGRAFIE
NÄHEN	VERGNÜGEN
INTERESSEN	WANDERN
SPIELE	

40 - Fleurs

```
Q  J  G  Q  H  J  T  U  L  P  E  R  G  O
O  T  H  S  T  R  A  U  S  S  S  R  Ä  R
N  B  M  M  B  C  U  S  H  P  N  H  N  C
L  A  V  E  N  D  E  L  M  Z  N  B  S  H
H  D  W  O  J  S  D  M  L  I  L  I  E  I
I  M  R  W  S  Q  V  E  O  R  N  V  B  D
B  P  L  U  M  E  R  I  A  H  T  N  L  E
I  M  A  G  N  O  L  I  E  Y  N  K  Ü  E
S  X  K  I  U  F  V  W  Y  L  R  L  M  L
K  L  Ö  W  E  N  Z  A  H  N  O  E  C  I
U  G  A  R  D  E  N  I  E  U  S  E  H  L
S  O  N  N  E  N  B  L  U  M  E  Y  E  A
P  F  I  N  G  S  T  R  O  S  E  D  N  P
B  L  Ü  T  E  N  B  L  A  T  T  E  A  V
```

STRAUSS	MOHN
GARDENIE	BLÜTENBLATT
HIBISKUS	LÖWENZAHN
JASMIN	PFINGSTROSE
LAVENDEL	PLUMERIA
LILA	ROSE
LILIE	SONNENBLUME
MAGNOLIE	KLEE
GÄNSEBLÜMCHEN	TULPE
ORCHIDEE	

41 - Nourriture #2

```
H  Z  F  M  N  Y  G  H  V  E  M  W  M  S
T  Y  F  Z  L  B  V  U  B  A  U  B  A  E
P  Y  I  H  H  M  A  N  G  O  S  J  N  L
Q  K  S  U  K  I  Y  N  N  V  O  A  D  L
K  S  C  H  O  K  O  L  A  D  E  U  E  E
I  R  H  N  E  I  O  M  W  N  P  B  L  R
W  E  E  K  I  R  S  C  H  E  E  E  I  I
I  H  P  I  N  B  O  A  C  V  J  R  A  E
Q  B  F  T  S  R  V  X  A  T  X  G  L  H
B  R  O  K  K  O  L  I  I  P  P  I  L  Z
G  T  O  M  A  T  E  U  T  N  F  N  P  Z
Y  E  X  P  Z  S  C  H  I  N  K  E  N  N
N  W  E  I  Z  E  N  F  X  O  Q  E  L  H
T  R  A  U  B  E  E  S  V  K  T  N  T  C
```

MANDEL	KIWI
AUBERGINE	MANGO
BANANE	EI
WEIZEN	BROT
BROKKOLI	FISCH
KIRSCHE	APFEL
SELLERIE	HUHN
PILZ	TRAUBE
SCHOKOLADE	REIS
SCHINKEN	TOMATE

42 - Océan

```
T T X A C K R A B B B E H K S
S H Q A K O R A L L E C R C
E A U L R Q U G V F I D A H
E I A N N I B O O T C E K I
T J L Q F F F U N R S L E L
A B L Z I I K F Y N U F C D
N J E N S C S A L Z K I S K
G C A V C W G C C D W N T R
W D C Y H Q S C H W A M M Ö
E J G G A U S T E R A T A T
L W W A F S T U R M M L H E
L G A R N E L E F P G S W W
E A Q J O T V H C O G S D L
N T V I Q O C F D P R P U N
```

SEETANG	QUALLE
AAL	FISCH
WAL	KRAKE
BOOT	HAI
KORALLE	RIFF
KRABBE	SALZ
GARNELE	STURM
DELFIN	THUNFISCH
SCHWAMM	SCHILDKRÖTE
AUSTER	WELLEN

43 - Remplir

```
S  F  G  M  Y  W  X  K  I  S  T  E  F  S
L  C  A  H  M  A  V  A  S  E  G  I  Z  I
D  E  H  S  Y  N  J  R  U  E  F  M  R  W
L  D  M  U  S  N  F  T  A  B  L  E  T  T
W  E  V  K  B  E  G  O  X  O  A  R  V  O
P  O  T  O  F  L  T  N  H  X  S  L  H  Z
D  A  H  F  S  F  A  X  X  W  C  U  L  G
X  Z  K  F  O  T  S  D  X  A  H  E  S  Q
M  K  O  E  B  E  C  K  E  N  E  V  Z  R
A  C  R  R  T  W  H  R  S  C  H  I  F  F
P  K  B  J  X  R  E  U  A  F  W  Z  V  C
P  W  J  T  H  O  J  G  G  T  I  X  J  R
E  U  M  S  C  H  L  A  G  R  H  Z  S  K
Z  K  L  U  C  R  P  C  E  T  F  K  F  U
```

WANNE	KORB
FASS	PAKET
BECKEN	TABLETT
BOX	KRUG
FLASCHE	TASCHE
KISTE	EIMER
KARTON	SCHUBLADE
MAPPE	ROHR
UMSCHLAG	KOFFER
SCHIFF	VASE

44 - Ballet

```
C A K D T M V Z M T A D O K
H P S Ü Ä M R A U E V A R O
O P F V N U H L I C M U C M
R L Ä Q Z S Y P O H A S H P
E A H B E K T H E N N D E O
O U I J R E H L E I M R S N
G S G P S L M W E K U U T I
R G K O U C U M K R T C E S
A T E N D B S M U S I K R T
P F I S T I L J E I G S Y F
H P T O T A J I G N T V C H
I W P L X E M C K P A O E H
E E J O P R O B E U F L B L
B A L L E R I N A S M L W J
```

APPLAUS   MUSKEL
KÜNSTLERISCH   MUSIK
BALLERINA   ORCHESTER
CHOREOGRAPHIE   PUBLIKUM
FÄHIGKEIT   PROBE
KOMPONIST   RHYTHMUS
TÄNZER   SOLO
AUSDRUCKSVOLL   STIL
GESTE   TECHNIK
ANMUTIG

45 - Fruit

```
N E K T A R I N E L C M T Z
N Z T Y H I M B E E R E H I
A K P A P A Y A E L J L P T
V F Z P N M S P M E H O F R
O B X R I A I O H F R N I O
C A W I O N N R V E F E R N
A N F K O G B A K I W I S E
D A D O G O H N S G S T I M
O N X S I X S G X E U R C Q
N E W E B M N E H Z D A H H
B J Q X I A P F E L H U V J
I Z K I R S C H E B D B X E
E O U V N Y D X V S O E O G
U W Y B E Z Z Z J B V V D Q
```

APRIKOSE	KIWI
ANANAS	MANGO
AVOCADO	MELONE
BEERE	NEKTARINE
BANANE	ORANGE
KIRSCHE	PAPAYA
ZITRONE	PFIRSICH
FEIGE	BIRNE
HIMBEERE	APFEL
GUAVE	TRAUBE

46 - Surf

```
X D H G P S P A S S O W N A
G R Z V A M C T K B Z E K O
C Y R V D E H H D E E L N S
Z H T W D N S L W L A L I N
F N A C E G N E S I N E E E
K S N M L E R T T E M L H C
B S F A P N S Y Ä B V M B N
S C Ä G I I M I R T O Y E E
T H N E H U O V K I V B E N
R A G N J S Q N E A F M X A
A U E W E T T E R V A F T P
N M R T D I U A X R Y R R E
D Y H H C L P Z O X V N E Z
B S F M X J H L H Q W R M Y
```

SPASS	SCHAUM
ATHLET	SCHWIMMEN
CHAMPION	OZEAN
ANFÄNGER	PADDEL
MAGEN	STRAND
EXTREM	BELIEBT
STÄRKE	RIFF
MENGEN	STIL
WETTER	WELLE

47 - Technologie

```
F D F N N A C H R I C H T B
S O I N T E R N E T U J G L
I T R G I O C E U G R B J O
C K A S I D B R O W S E R G
H A N T C T H D B C O S D K
E M Z D I H A Q L O R O A D
R E E A W S U L T M S F T V
H R I T U C T N X P C T E J
E A G E I V I I G U H W N X
I U E I S T C N K T Q A Q Y
T V I R U S B Y T E S R Z G
B S C H R I F T A R T E Y L
B I L D S C H I R M Y Z C K
V I R T U E L L X E O U B H
```

ANZEIGE	BROWSER
BLOG	DIGITAL
KAMERA	BYTES
CURSOR	COMPUTER
DATEN	SCHRIFTART
BILDSCHIRM	FORSCHUNG
DATEI	SICHERHEIT
INTERNET	STATISTIK
SOFTWARE	VIRTUELL
NACHRICHT	VIRUS

48 - Météo

```
E  S  N  X  U  L  R  R  G  T  T  H  M  K
Y  X  H  E  R  L  U  T  E  E  R  Y  S  W
U  R  J  C  E  M  H  L  W  M  O  U  J  A
T  N  Y  Z  G  O  I  T  J  P  C  I  K  T
K  K  H  R  E  N  G  G  H  E  K  R  A  M
L  P  T  P  N  S  W  V  A  R  E  H  K  O
I  H  R  W  B  U  I  J  H  A  N  M  U  S
M  U  O  D  O  N  N  E  R  T  X  S  T  P
A  R  P  J  G  L  D  I  R  U  D  T  O  H
B  R  I  S  E  H  K  K  B  R  Ü  U  R  Ä
E  I  S  X  N  O  U  E  Y  T  R  R  N  R
O  K  C  B  H  I  M  M  E  L  R  M  A  E
J  A  H  P  O  L  A  R  N  O  E  K  D  B
E  N  E  B  E  L  M  K  I  R  O  X  O  G
```

REGENBOGEN	HURRIKAN
ATMOSPHÄRE	POLAR
BRISE	TROCKEN
NEBEL	DÜRRE
RUHIG	TEMPERATUR
HIMMEL	STURM
KLIMA	DONNER
EIS	TORNADO
MONSUN	TROPISCH
WOLKE	WIND

49 - Châteaux

```
K E K D Y N A S T I E B F R
Ö E I A S C H W E R T R F Ü
N S O N T V Q E D E L C E S
I N T C H A G M T U R M U T
G M G B H O P O P F E R D U
R K R O N E R U A R I S A N
E Y P X X B I N L I C C L G
I N B D J J N P A T H H F M
C U X B G L Z R S T J I F L
H D R A C H E I T E B L Y Q
U P H Y K O S N J R B D P O
A E R X Y S S Z I F J N V N
T O N U F H I F E S T U N G
W A N D L Y N T W Q N N S I
```

RÜSTUNG   FEUDAL
SCHILD   FESTUNG
KATAPULT   EINHORN
PFERD   WAND
RITTER   EDEL
KRONE   PALAST
DRACHE   PRINZ
DYNASTIE   PRINZESSIN
REICH   KÖNIGREICH
SCHWERT   TURM

50 - Randonnée

```
Z  S  W  W  S  O  N  N  E  Z  F  V  K  C
R  D  I  K  E  T  L  S  N  U  Ü  O  A  A
I  R  L  P  K  T  I  S  S  A  H  R  R  M
M  Ü  D  E  L  O  T  E  U  L  R  B  T  P
T  O  K  L  I  P  P  E  F  B  E  E  E  I
G  G  X  L  M  I  A  I  R  E  R  R  H  N
J  C  S  A  A  K  R  Z  A  R  L  E  W  G
S  C  H  W  E  R  K  D  P  G  W  I  T  N
O  T  D  C  N  B  S  S  U  R  A  T  U  A
C  N  E  F  O  T  I  E  R  E  S  U  M  T
G  X  G  I  P  F  E  L  K  M  S  N  O  U
Y  U  Y  F  N  B  T  Q  T  Z  E  G  F  R
U  F  O  R  I  E  N  T  I  E  R  U  N  G
N  M  O  A  Z  N  A  U  M  Y  S  O  R  O
```

TIERE	WETTER
STIEFEL	BERG
CAMPING	NATUR
KARTE	ORIENTIERUNG
KLIMA	PARKS
WASSER	STEINE
KLIPPE	VORBEREITUNG
MÜDE	WILD
FÜHRER	SONNE
SCHWER	GIPFEL

51 - Meubles

```
J D V S W J O S W Y X B C L
H M A T R A T Z E F L E Q A
B Q F U T O N X W O G T H M
E Ü P H S P I E G E L T K P
W U C L M S C H R A N K I E
V O R H A N G J R S I O S T
V A C T E Y P V M E R M S E
N Z O O Q R H J R S W M E P
K U K I U W R E P S A O N P
R E G A L C N E T E Z D E I
E V L H V S H W G L B E F C
I W L G D R L N Q A Z A A H
H Ä N G E M A T T E L S N B
S C H R E I B T I S C H Q K
```

SCHRANK	FUTON
BANK	HÄNGEMATTE
BÜCHERREGAL	LAMPE
SCHREIBTISCH	BETT
COUCH	MATRATZE
STUHL	SPIEGEL
KOMMODE	KISSEN
REGAL	VORHANG
SESSEL	TEPPICH

52 - Art

```
P  V  I  S  U  E  L  L  P  D  P  E  X  G
S  O  R  I  G  I  N  A  L  O  C  H  Q  Y
U  G  R  J  S  C  H  A  F  F  E  N  L  C
R  E  S  T  I  M  M  U  N  G  O  S  Z  R
R  M  P  E  R  S  Ö  N  L  I  C  H  I  Q
E  Ä  M  D  X  Ä  R  C  J  G  V  L  R  E
A  L  S  Q  P  A  T  S  Y  M  B  O  L  E
L  D  K  E  R  A  M  I  K  T  B  X  E  H
I  E  U  O  P  K  S  K  E  B  V  M  I  R
S  G  L  X  M  F  P  V  D  R  U  C  N  L
M  M  P  I  L  P  O  I  S  G  E  W  F  I
U  X  T  Y  M  G  L  X  M  Z  Y  N  A  C
S  F  U  A  S  X  E  E  W  Z  C  K  C  H
E  L  R  L  G  O  V  E  X  Q  M  D  H  V
```

KERAMIK	PERSÖNLICH
KOMPLEX	POESIE
SCHAFFEN	SKULPTUR
PORTRÄTIEREN	EINFACH
EHRLICH	SURREALISMUS
STIMMUNG	SYMBOL
ORIGINAL	VISUELL
GEMÄLDE	

53 - Nutrition

```
G E S U N D Q A S R S K A N
Y Q F Z A A U M P O Y Q G B
G E S C H M A C K P S A Z U
G S H M P O L C A T E S O Z
U S R O Z E I T L O O T E X
Q B J A I F T B O E B X I J
L A N B A R Ä I R M I C I T
T R N T W M T D I Ä T G G N
F L Ü S S I G K E I T E N L
G E W I C H T J N B E W O G
P R O T E I N E G X R Ü S L
G E S U N D H E I T V R Z T
V E R D A U U N G G Y Z Q P
D L C A U S G E W O G E N Z
```

BITTER	GEWICHT
APPETIT	PROTEINE
KALORIEN	QUALITÄT
ESSBAR	GESUND
DIÄT	GESUNDHEIT
VERDAUUNG	SOSSE
GEWÜRZE	GESCHMACK
AUSGEWOGEN	TOXIN
FLÜSSIGKEITEN	

54 - Science Fiction

```
L  B  T  E  C  H  N  O  L  O  G  I  E  K
R  Z  Ü  C  R  Z  A  Y  E  H  H  Z  R  Q
K  K  U  C  L  H  Z  Z  O  X  U  M  X  K
Y  S  Q  B  H  G  C  E  P  R  T  K  Z  H
I  K  Z  C  W  E  L  T  F  E  A  R  W  B
P  L  A  N  E  T  R  C  W  A  S  K  E  T
E  X  P  L  O  S  I  O  N  L  U  J  E  M
G  A  L  A  X  I  E  H  B  I  Z  F  A  L
F  U  T  U  R  I  S  T  I  S  C  H  T  U
I  L  L  U  S  I  O  N  D  T  W  Q  O  T
F  E  U  E  R  K  I  N  O  I  B  L  M  O
S  Z  E  N  A  R  I  O  G  S  P  F  I  P
I  M  A  G  I  N  Ä  R  Z  C  M  U  C  I
R  O  B  O  T  E  R  E  M  H  I  E  U  E
```

ATOMIC	BÜCHER
KINO	WELT
EXPLOSION	ORAKEL
EXTREM	PLANET
FEUER	REALISTISCH
FUTURISTISCH	ROBOTER
GALAXIE	SZENARIO
ILLUSION	TECHNOLOGIE
IMAGINÄR	UTOPIE

55 - Professions #1

```
C  T  R  A  I  N  E  R  T  Ä  N  Z  E  R
F  E  U  E  R  W  E  H  R  M  A  N  N  G
J  I  Q  B  O  T  S  C  H  A  F  T  E  R
G  U  T  G  A  J  Ä  G  E  R  X  P  K  E
G  U  W  K  Ü  N  S  T  L  E  R  I  A  C
A  E  H  E  S  L  K  V  S  C  O  A  R  H
R  K  O  L  L  M  A  I  B  O  M  N  T  T
Z  K  U  L  K  I  H  C  E  T  U  I  O  S
T  J  A  V  O  G  E  I  M  R  S  S  G  A
Q  G  M  M  A  G  Q  R  A  S  I  T  R  N
E  D  I  T  O  R  E  O  Q  P  K  H  A  W
P  S  Y  C  H  O  L  O  G  E  E  K  P  A
B  U  C  H  H  A  L  T  E  R  R  P  H  L
K  L  E  M  P  N  E  R  E  V  Q  C  C  T
```

BOTSCHAFTER	TRAINER
KÜNSTLER	EDITOR
RECHTSANWALT	GEOLOGE
BANKIER	ARZT
JUWELIER	MUSIKER
KARTOGRAPH	PIANIST
JÄGER	KLEMPNER
BUCHHALTER	FEUERWEHRMANN
TÄNZER	PSYCHOLOGE

56 - Géologie

```
M  C  K  R  I  S  T  A  L  L  E  S  Z  S
N  I  G  O  E  G  E  Y  S  I  R  C  S  F
Z  O  N  E  N  R  C  W  C  U  T  H  T  O
T  D  Y  E  J  T  O  D  P  Q  H  I  A  S
P  S  I  H  R  K  I  S  A  L  Z  C  L  S
P  L  A  T  E  A  U  N  I  K  P  H  A  I
D  K  O  R  A  L  L  E  E  O  X  T  K  L
K  Y  N  Q  N  Z  A  I  Z  N  N  H  T  M
S  Ä  U  R  E  I  V  V  E  S  T  E  I  N
U  X  P  C  E  U  A  L  M  N  O  P  T  H
Q  U  A  R  Z  M  V  U  L  K  A  N  S  Ö
G  E  S  C  H  M  O  L  Z  E  N  Z  X  H
O  I  Q  E  L  K  Y  H  L  G  G  S  R  L
I  B  X  U  W  H  K  H  H  I  G  H  R  E
```

SÄURE	GEYSIR
KALZIUM	LAVA
HÖHLE	MINERALIEN
KONTINENT	STEIN
KORALLE	PLATEAU
SCHICHT	QUARZ
KRISTALLE	SALZ
EROSION	STALAKTIT
GESCHMOLZEN	VULKAN
FOSSIL	ZONE

57 - Cirque

```
K P I S H N F D M Z E L T Z
O A A Z P R K A U I L Ö C A
S R K R N E X O S N E W L U
T O S R A M K B I U F E O B
Ü N A I O D U T K R A J W E
M J I W V B E M A B N O N R
A D Q B Q S A G F K T N T E
G T D Q J J P T F M U G W R
I I U J R A V H E B J L X B
E E F A H R K A R T E E Ä T
O R D G F Z U S C H A U E R
M E W F B N W G I O H R V L
L B W R W Z E I G E N X F X
B A L L O N S Q S T I G E R
```

AKROBAT
TIERE
BALLONS
FAHRKARTE
CLOWN
KOSTÜM
ELEFANT
JONGLEUR
LÖWE
ZAUBERER

MAGIE
ZEIGEN
MUSIK
PARADE
AFFE
SPEKTAKULÄR
ZUSCHAUER
ZELT
TIGER

58 - Jardin

```
U  B  L  R  S  L  J  H  N  R  Z  B  B  U
N  S  O  T  C  G  R  A  S  E  A  J  O  N
K  K  B  T  H  B  T  F  P  C  U  S  D  C
R  X  X  B  L  U  M  E  O  H  N  M  E  Q
A  E  Y  A  A  W  S  H  S  E  D  D  N  N
U  Y  H  N  U  W  U  C  A  N  K  J  F  A
T  M  I  K  C  N  G  D  H  B  R  E  V  I
Y  E  F  I  H  U  A  H  L  A  B  A  L  H
X  F  R  J  Q  X  R  Z  I  G  U  Z  K  O
W  K  K  R  E  V  T  S  B  C  S  F  O  C
Q  G  A  R  A  G  E  T  E  I  C  H  E  R
B  A  U  M  L  S  N  L  D  J  H  L  N  L
Q  V  L  R  G  X  S  V  E  R  A  N  D  A
Q  C  P  H  Ä  N  G  E  M  A  T  T  E  M
```

BAUM	GARTEN
BANK	UNKRAUT
BUSCH	SCHAUFEL
ZAUN	RASEN
TEICH	VERANDA
BLUME	RECHEN
GARAGE	BODEN
HÄNGEMATTE	TERRASSE
GRAS	SCHLAUCH

59 - Barbecues

```
K  G  R  A  M  M  Z  A  P  J  Z  T  W  E
F  F  Y  N  U  E  W  B  P  H  R  Z  Q  O
X  R  B  F  S  S  I  E  I  S  M  G  F  H
S  Q  U  S  I  S  E  N  S  P  I  E  L  E
M  O  P  C  K  E  B  D  V  V  T  M  C  I
S  Y  S  F  H  R  E  E  J  X  T  Ü  R  S
A  O  A  S  P  T  L  S  U  O  A  S  K  S
L  O  M  H  E  A  N  S  W  M  G  E  I  K
Z  H  Y  M  Q  P  F  E  F  F  E  R  N  Z
H  U  N  G  E  R  B  N  G  D  S  W  D  C
U  M  F  R  I  R  P  V  I  B  S  L  E  M
H  S  Q  I  F  A  M  I  L  I  E  R  R  R
N  S  A  L  A  T  E  B  Q  Z  N  H  Y  Z
M  C  T  L  T  O  M  A  T  E  N  F  S  X
```

HEISS	SPIELE
MESSER	GEMÜSE
MITTAGESSEN	MUSIK
ABENDESSEN	ZWIEBELN
KINDER	PFEFFER
SOMMER	HUHN
HUNGER	SALATE
FAMILIE	SOSSE
FRUCHT	SALZ
GRILL	TOMATEN

60 - Anniversaire

```
W  G  Z  H  C  J  X  K  A  R  T  E  N  G
F  E  I  E  R  A  Y  U  Y  B  A  I  T  L
R  S  I  Q  D  H  T  C  Q  L  G  N  W  Ü
E  C  J  S  L  R  F  H  U  I  Y  L  A  C
U  H  A  P  H  E  S  E  K  H  I  A  W  K
N  E  E  A  Z  E  R  N  A  S  S  D  O  L
D  N  F  S  Z  E  I  N  K  D  P  U  E  I
E  K  R  S  D  N  Z  T  E  I  E  N  K  C
L  I  E  D  M  D  E  J  R  N  Z  G  S  H
W  L  U  Z  J  K  I  B  Z  K  I  E  T  L
G  M  D  O  C  U  T  W  E  S  A  N  L  W
V  R  I  G  K  G  N  V  N  D  L  O  J  P
T  O  G  R  K  H  N  G  E  B  O  R  E  N
K  A  L  E  N  D  E  R  V  Q  P  T  W  H
```

FREUNDE	KUCHEN
SPASS	GLÜCKLICH
JAHR	EINLADUNGEN
LERNEN	JUNG
KERZEN	TAG
GESCHENK	FREUDIG
KALENDER	GEBOREN
KARTEN	WEISHEIT
LIED	SPEZIAL
FEIER	ZEIT

61 - Animaux de Compagnie

L	S	C	H	W	A	N	Z	I	B	V	Q	P	I
V	E	F	Y	D	G	U	C	E	M	O	I	F	T
F	W	I	G	G	B	X	M	G	S	S	C	D	W
R	K	S	N	J	C	X	H	N	W	S	N	H	Y
K	K	C	I	E	W	A	S	S	E	R	E	I	M
Ä	L	H	T	I	E	R	A	R	Z	T	I	N	K
T	L	A	O	R	W	A	D	R	I	N	G	F	A
Z	Y	S	C	H	I	L	D	K	R	Ö	T	E	T
C	M	E	I	D	E	C	H	S	E	U	H	K	Z
H	A	M	S	T	E	R	Y	E	W	C	C	U	E
E	U	N	B	A	G	F	Z	I	E	G	E	H	J
N	S	N	I	W	C	K	R	A	L	L	E	N	B
P	C	H	D	H	D	C	P	A	P	A	G	E	I
K	R	A	G	E	N	T	H	C	E	Q	E	G	N

KATZE	HASE
KÄTZCHEN	EIDECHSE
ZIEGE	ESSEN
HUND	PAPAGEI
WELPE	FISCH
KRAGEN	SCHWANZ
WASSER	MAUS
KRALLEN	SCHILDKRÖTE
HAMSTER	KUH
LEINE	TIERARZT

62 - Forêt Tropicale

```
B  C  I  A  M  P  H  I  B  I  E  N  G  O
T  W  T  R  E  S  P  E  K  T  C  Y  X  K
A  B  O  T  A  N  I  S  C  H  Z  A  E  N
N  W  W  M  O  O  S  T  P  Z  H  X  X  L
K  O  S  E  I  N  H  E  I  M  I  S  C  H
V  L  G  P  R  A  Z  L  Z  J  N  V  M  Ü
C  K  I  C  J  T  E  X  T  Q  S  I  V  B
A  E  G  M  V  U  V  E  Q  G  E  E  M  E
R  N  F  E  A  R  Ö  O  D  I  K  L  P  R
D  S  C  H  U  N  G  E  L  I  T  F  P  L
M  J  X  X  G  B  E  J  G  L  E  A  O  E
C  B  V  J  U  F  L  Z  A  N  N  L  C  B
Z  U  F  L  U  C  H  T  S  L  D  T  T  E
G  E  M  E  I  N  S  C  H  A  F  T  S  N
```

AMPHIBIEN	MOOS
BOTANISCH	NATUR
KLIMA	WOLKEN
GEMEINSCHAFT	VÖGEL
VIELFALT	WERTVOLL
ART	ZUFLUCHT
EINHEIMISCH	RESPEKT
INSEKTEN	ÜBERLEBEN
DSCHUNGEL	

63 - Insectes

```
A  T  T  U  V  J  V  E  H  O  Z  W  Y  H
Y  M  E  V  Y  Y  U  J  C  J  A  S  Q  E
Z  T  E  R  M  I  T  E  D  J  W  C  E  U
I  B  A  I  L  I  B  E  L  L  E  H  G  S
K  L  G  U  S  D  I  V  B  I  C  M  M  C
A  A  O  J  G  E  Z  W  U  R  M  E  V  H
D  T  K  B  I  E  N  E  V  V  A  T  H  R
E  T  J  E  V  U  M  E  Z  D  V  T  O  E
B  L  M  A  R  I  E  N  K  Ä  F  E  R  C
K  A  T  X  K  L  G  K  W  Z  L  R  N  K
P  U  I  J  Ä  A  A  A  J  W  O  L  I  E
S  S  A  D  F  R  H  K  K  Q  H  I  S  J
M  Ü  C  K  E  V  Z  F  E  B  L  N  S  B
X  M  E  I  R  E  W  E  S  P  E  G  E  Y
```

BIENE	MÜCKE
KAKERLAKE	SCHMETTERLING
ZIKADE	FLOH
MARIENKÄFER	BLATTLAUS
AMEISE	HEUSCHRECKE
HORNISSE	KÄFER
WESPE	TERMITE
LARVE	WURM
LIBELLE	

64 - Ferme #1

```
D  Z  I  E  G  E  D  P  C  F  N  F  K  B
K  A  T  Z  E  F  Ü  W  A  S  S  E  R  I
H  U  N  D  P  F  N  R  E  I  S  L  Ä  E
E  N  H  X  V  F  G  K  A  L  B  D  H  N
R  E  S  C  H  W  E  I  N  M  O  P  E  E
D  F  V  A  U  H  R  R  G  M  A  X  R  J
E  R  H  I  H  J  M  J  D  M  I  D  W  L
B  I  S  O  N  F  V  Z  T  P  M  W  K  F
X  L  H  H  T  M  U  B  E  S  E  L  N  M
W  C  W  O  E  C  R  W  C  V  A  U  T  Y
P  O  W  N  W  U  A  Q  U  L  K  Q  M  F
S  X  X  I  A  K  U  S  K  Y  X  Q  L  J
S  D  H  G  X  T  C  I  Y  Y  S  K  X  G
C  U  V  W  V  W  Q  X  L  L  J  C  I  E
```

BIENE	KRÄHE
ESEL	WASSER
BISON	DÜNGER
FELD	HEU
KATZE	HONIG
PFERD	HUHN
ZIEGE	REIS
HUND	HERDE
ZAUN	KUH
SCHWEIN	KALB

65 - Escalade

```
S  C  H  M  A  L  P  U  Y  I  T  S  H  V
U  D  L  F  Z  T  H  H  E  L  M  T  A  E
X  M  Y  H  N  L  Y  N  X  F  G  A  N  R
O  K  W  E  F  K  S  X  P  Ü  E  B  D  L
V  W  L  M  N  A  I  I  E  H  L  I  S  E
K  A  R  T  E  T  S  S  R  R  Ä  L  C  T
S  N  E  Y  U  M  C  T  T  E  N  I  H  Z
R  D  I  H  G  O  H  I  E  R  D  T  U  U
W  E  I  S  I  S  T  E  V  H  E  Ä  H  N
U  R  Y  T  E  P  L  F  M  E  M  T  E  G
A  N  U  Ä  R  H  E  E  H  Ö  H  L  E  B
W  B  Q  R  X  Ä  L  L  K  W  H  Ö  H  E
F  C  X  K  K  R  R  E  C  Q  V  Z  I  P
Y  C  E  E  V  E  J  R  B  F  U  U  H  V
```

HÖHE	STÄRKE
ATMOSPHÄRE	HANDSCHUHE
VERLETZUNG	HÖHLE
STIEFEL	FÜHRER
KARTE	PHYSISCH
HELM	WANDERN
NEUGIER	STABILITÄT
EXPERTE	GELÄNDE
SCHMAL	

66 - École #2

```
L E R N E N M J B M B W Y B
E P A P I E R V L A I R W I
S L S P I E L E E T B Z Ö L
E G I L H I Z F I H L P R D
N M L T J H T P S E I N T U
K B G I E I O I T M O A E N
T I Y K P R F G I A T G R G
K K B K C S A A F T H B B W
K S U Y V O Q T T I E Ü U C
L S S C H E R E U K K C C R
L E H R E R E V K R G H H J
C O M P U T E R K Y M E N E
K A L E N D E R O V G R U Z
A K T I V I T Ä T E N F C W
```

AKTIVITÄTEN
LERNEN
BIBLIOTHEK
BUS
KALENDER
SCHERE
BLEISTIFT
WÖRTERBUCH
LEHRER

BILDUNG
SPIELE
LESEN
LITERATUR
BÜCHER
MATHEMATIK
COMPUTER
PAPIER

67 - Antarctique

```
M  M  D  V  H  E  R  T  L  M  E  I  E  G
V  I  L  S  K  R  R  L  W  I  X  N  K  C
W  O  G  P  U  H  F  C  A  N  P  S  J  I
U  Y  V  R  C  A  E  I  S  E  E  E  R  V
B  A  D  C  A  L  L  Y  S  R  D  L  H  Ö
U  U  Z  R  X  T  S  M  E  A  I  N  A  G
M  M  C  M  X  U  I  F  R  L  T  F  L  E
A  U  W  H  F  N  G  O  U  I  I  Y  B  L
L  U  A  E  T  G  L  R  N  E  O  X  I  V
L  K  L  N  L  I  K  S  X  N  N  K  N  K
L  Y  E  G  Y  T  G  C  E  G  H  H  S  A
S  J  Q  O  S  E  U  H  W  O  L  K  E  N
S  K  O  N  T  I  N  E  N  T  Y  O  L  H
G  L  T  E  M  P  E  R  A  T  U  R  S  U
```

BUCHT	INSELN
WALE	MIGRATION
FORSCHER	MINERALIEN
ERHALTUNG	WOLKEN
KONTINENT	VÖGEL
WASSER	HALBINSEL
UMWELT	FELSIG
EXPEDITION	TEMPERATUR
EIS	

68 - Professions #2

```
B P O P B E T N U A L A F Z
B R I E I Y O U K M E S O A
X C X R O L S T L A H T R H
S P G F L V O A Z L R R S N
Z B W I O S P T G E E O C A
C L I N G U I S T R R N H R
Z H Z D E T E K T I V A E Z
O I I E I N G E N I E U R T
O F A R Z T N P N A A T D O
L R O H U F O T O G R A F Y
O V Y U Q R M H D A I Q I P
G K X C C A G Ä R T N E R J
E J U T J O U R N A L I S T
I L L U S T R A T O R R C U
```

ASTRONAUT	ERFINDER
BIOLOGE	GÄRTNER
FORSCHER	JOURNALIST
CHIRURG	LINGUIST
ZAHNARZT	ARZT
DETEKTIV	MALER
LEHRER	FOTOGRAF
ILLUSTRATOR	PILOT
INGENIEUR	ZOOLOGE

69 - Les Abeilles

```
Ö K O S Y S T E M B A F F B
B L U M E N T S F L L R I
A I B O S C C S D Ü T Ü U E
M A T I I K Z E V T C G C N
Q Z Z V A Ö N N W E M E H E
V L E B E N S R A U M L T N
Y I A D D I H M C S S P B K
L N E H B G O Z H O C F H O
Y S P L Y I N P S N H L U R
R E I O F N I N I N W A W B
M K K I L A G N K E A N M V
A T D E Z L L Q B O R Z L U
O R A U C H E T R R M E N D
G A R T E N N N N D E N R M
```

FLÜGEL
WACHS
VIELFALT
SCHWARM
ÖKOSYSTEM
BLÜTE
BLUMEN
FRUCHT
RAUCH
LEBENSRAUM

INSEKT
GARTEN
HONIG
ESSEN
PFLANZEN
POLLEN
KÖNIGIN
BIENENKORB
SONNE

70 - Dinosaures

```
S  K  Q  H  O  S  E  W  Q  M  E  O  T  P
G  A  A  G  R  Ö  S  S  E  W  H  Y  S  R
V  E  R  S  C  H  W  I  N  D  E  N  C  Ä
K  V  A  T  X  G  R  K  X  A  F  P  H  H
B  E  U  T  E  R  M  E  O  F  O  G  W  I
K  N  B  F  I  O  C  O  P  S  S  J  A  S
P  O  V  R  L  S  W  H  R  T  S  M  N  T
B  R  O  P  U  S  E  R  D  E  I  J  Z  O
O  M  G  W  F  F  L  Ü  G  E  L  L  M  R
B  M  E  I  B  Ö  S  A  R  T  I  G  A  I
A  L  L  E  S  F  R  E  S  S  E  R  M  S
O  I  E  V  O  L  U  T  I  O  N  U  M  C
I  Y  G  P  I  U  G  X  Z  N  N  U  U  H
W  V  R  V  Z  P  R  E  B  I  W  D  T  Z
```

FLÜGEL
VERSCHWINDEN
ART
ENORM
EVOLUTION
FOSSILIEN
GROSS
MAMMUT
ALLESFRESSER

PRÄHISTORISCH
BEUTE
SCHWANZ
RAUBVOGEL
REPTIL
GRÖSSE
ERDE
BÖSARTIG

71 - Conduite

```
G  I  L  V  V  B  W  G  A  R  A  G  E  P
G  A  S  Z  T  U  N  N  E  L  K  W  Y  O
S  T  R  A  S  S  E  C  H  F  K  W  T  L
S  T  R  A  N  S  P  O  R  T  A  S  C  I
I  U  N  F  A  L  L  K  F  P  R  H  F  Z
C  H  F  R  L  F  M  Y  D  C  T  L  R  E
H  A  R  Y  I  L  G  O  W  A  E  Y  L  I
E  H  N  K  Z  L  G  B  T  A  U  T  O  G
R  I  G  R  E  G  O  R  I  O  N  L  R  G
H  C  M  W  N  K  C  E  O  V  R  F  Y  U
E  D  Y  O  Z  A  H  M  P  Q  K  R  D  S
I  Z  L  M  T  N  N  S  R  N  R  E  A  N
T  D  E  D  Y  O  V  E  R  K  E  H  R  D
E  V  V  Q  Y  W  R  N  K  R  E  T  Y  S
```

UNFALL	MOTOR
BUS	MOTORRAD
LKW	POLIZEI
KARTE	STRASSE
GEFAHR	SICHERHEIT
BREMSEN	VERKEHR
GARAGE	TRANSPORT
GAS	TUNNEL
LIZENZ	AUTO

72 - Plantes

```
U R U Q R U O B A U M W B B
E N V D Q J H M L B I U A L
J C Z E U M L O H U I R M Ü
W A C H S E N O N S M Z B T
W C C T E L F S A C F E U E
A I G R A S X C B H L L S N
B O T A N I K U E S O W K B
K Z U G R E R C E Y R A A L
A Z A I H T Q D R F A L K A
B O H N E E E Ü E F E D T T
A J E H D G N N N F S U U T
F Q B L M S U G W G C H S C
C H I B V B K E L A U B N X
X L V T T W Y R X H K M R J
```

BAUM	WALD
BEERE	WACHSEN
BAMBUS	BOHNE
BOTANIK	GRAS
BUSCH	GARTEN
KAKTUS	EFEU
DÜNGER	MOOS
LAUB	BLÜTENBLATT
BLUME	WURZEL
FLORA	

73 - Ferme #2

U	L	B	E	I	V	Y	T	W	F	W	H	G	B
Q	A	M	I	L	C	H	H	I	R	E	R	E	E
N	M	S	G	E	R	S	T	E	U	I	Y	M	W
T	M	C	D	N	N	I	A	S	C	Z	W	Ü	Ä
R	I	H	Z	T	D	E	L	E	H	E	M	S	S
A	H	E	M	E	R	G	N	S	T	N	O	E	S
K	K	U	R	J	A	J	F	S	C	H	A	F	E
T	P	N	A	E	O	K	H	E	T	I	F	P	R
O	K	E	U	U	N	N	B	N	E	O	Y	I	U
R	I	C	K	B	A	U	E	R	A	V	C	G	N
W	P	S	C	H	Ä	F	E	R	L	N	Q	K	G
B	H	F	P	O	B	S	T	G	A	R	T	E	N
H	V	J	C	P	Z	S	E	F	M	A	I	S	X
I	S	Y	H	G	Y	H	X	L	A	Y	H	B	W

LAMM	LAMA
BAUER	GEMÜSE
TIERE	MAIS
SCHÄFER	SCHAF
WEIZEN	ESSEN
ENTE	GERSTE
FRUCHT	WIESE
SCHEUNE	BIENENSTOCK
BEWÄSSERUNG	TRAKTOR
MILCH	OBSTGARTEN

74 - École #1

```
B S C H R E I B E N O M L M
L I R T I U C Q Q K R O E I
E X B L Q I V W V A D L H T
I M W L U P G L Y X N N R T
S L Z E I R W H W O E F E A
T A E F Z O M Y A W R R R G
I G L R W X T P A P I E R E
F Y A P N Z A H L E N U H S
T B Ü C H E R L E Z C N D S
S P A S S A N R F K S D S E
A N V B X X B V M P J E T N
L R P F V K P E X B I P U C
O J A N T W O R T E N N H N
P R Ü F U N G E N X G O L T
```

ALPHABET

FREUNDE

SPASS

LERNEN

BIBLIOTHEK

STUHL

BLEISTIFT

MITTAGESSEN

ORDNER

LEHRER

PRÜFUNGEN

SCHREIBEN

BÜCHER

ZAHLEN

PAPIER

QUIZ

ANTWORTEN

75 - Vacances #2

```
U  Z  E  L  T  T  R  A  N  S  P  O  R  T
R  I  C  I  F  K  E  D  V  A  A  V  T  V
L  E  R  J  Y  O  S  I  N  U  S  I  X  X
A  L  B  L  H  O  T  E  L  S  S  S  G  C
U  Z  E  H  Y  G  A  O  N  L  K  U  T  I
B  B  A  F  S  R  U  U  S  Ä  Z  M  F  N
B  K  A  R  T  E  R  M  R  N  U  P  L  L
R  P  Y  E  R  U  A  S  E  D  G  Y  U  V
E  H  N  I  A  V  N  K  J  E  X  X  G  G
I  P  Q  Z  N  U  T  T  T  R  R  I  H  P
S  W  D  E  D  S  K  Q  Z  A  R  N  A  G
E  B  O  I  N  S  E  L  Z  U  X  M  F  M
E  S  W  T  C  A  M  P  I  N  G  I  E  R
R  P  A  I  A  P  C  F  S  V  S  W  N  D
```

FLUGHAFEN	FOTOS
CAMPING	STRAND
KARTE	RESTAURANT
ZIEL	TAXI
AUSLÄNDER	ZELT
HOTEL	ZUG
INSEL	TRANSPORT
FREIZEIT	URLAUB
MEER	VISUM
PASS	REISE

76 - Outils

```
F A C K E L L L S E I L R H
B S Q D G T H W Q R P B A L
L C A X T K Z M Q V H E S E
I H E F T K L A M M E R I I
N A S H M X Z L N O F A E T
E U J C A A Y E M G T D R E
A F C B H M L I W Y E P E R
L E A Q E E M M E C R F R P
O L T N P S R E M N Q F H L
Y U D Q O S V E R A J B A R
I N K A B E L T Q A C P J U
J W N I W R S C H R A U B E
J K M U H Q G L M S I M N R
B E U E J J G W M P C I H K
```

HEFTKLAMMER	HAMMER
HEFTER	SCHAUFEL
KABEL	ZANGE
SCHERE	RASIERER
LEIM	LINEAL
SEIL	RAD
MESSER	FACKEL
LEITER	SCHRAUBE
AXT	

77 - Temps

```
G  T  H  K  J  M  I  T  T  A  G  D  N  J
M  E  M  B  A  Q  Z  D  X  S  O  J  T  A
D  O  S  O  H  H  J  Ä  H  R  L  I  C  H
I  U  R  T  R  R  J  N  A  C  H  X  V  R
S  H  L  G  E  W  M  E  K  K  B  Z  O  Z
O  R  Q  K  E  R  O  P  T  Y  J  S  R  E
W  O  C  H  E  N  N  D  G  Z  W  T  B  H
K  D  N  L  R  N  A  C  H  T  T  U  Z  N
F  O  M  I  N  U  T  E  O  Y  M  N  R  T
L  I  W  U  U  E  K  A  L  E  N  D  E  R
B  A  L  D  T  N  H  P  E  Z  E  E  Z  H
J  A  H  R  H  U  N  D  E  R  T  U  D  H
T  W  Q  D  S  Z  I  N  V  I  F  L  L  F
I  K  Z  X  L  Z  U  K  U  N  F  T  A  G
```

JAHR	UHR
JÄHRLICH	TAG
NACH	JETZT
VOR	MORGEN
BALD	MITTAG
KALENDER	MINUTE
JAHRZEHNT	MONAT
ZUKUNFT	NACHT
STUNDE	WOCHE
GESTERN	JAHRHUNDERT

78 - Maison

```
V  B  N  T  J  H  F  L  A  M  P  E  O  A
O  E  B  I  B  L  I  O  T  H  E  K  N  H
R  S  S  D  S  S  P  I  E  G  E  L  R  O
H  E  R  K  D  E  R  R  P  W  W  K  U  T
A  N  S  B  R  R  X  W  P  C  G  A  C  Ü
N  T  B  U  A  R  G  F  I  X  S  D  N  R
G  K  S  Q  K  M  K  Ü  C  H  E  A  F  D
G  A  R  A  G  E  Z  D  H  F  D  C  E  U
E  M  R  D  S  V  I  A  I  C  E  H  N  S
A  I  F  T  J  M  M  C  U  O  C  B  S  C
V  N  F  G  E  A  M  H  I  N  K  O  T  H
U  R  P  O  L  N  E  H  X  E  E  D  E  E
L  N  U  L  F  I  R  K  O  Z  X  E  R  K
S  C  H  L  Ü  S  S  E  L  W  P  N  U  K
```

BESEN	DACHBODEN
BIBLIOTHEK	GARTEN
ZIMMER	LAMPE
KAMIN	SPIEGEL
SCHLÜSSEL	WAND
ZAUN	DECKE
KÜCHE	TÜR
DUSCHE	VORHANG
FENSTER	TEPPICH
GARAGE	DACH

79 - Légumes

```
S U C A I S X S X F C M S Q
P C W I R N W O X I K K E T
I A H T R T G K L V Ü N L A
N H Y A K J I W Q T R O L U
A A I U L Y O S E J B B E B
T A Z T K O D W C R I L R E
G U R K E B T T Q H S A I R
R E Ü K A R O T T E O U E G
E R B S E O L M E R G C O I
T Y E A C K I Y J Y Y H K N
T Y K L K K V Y Q U K X I E
I M J A V O E C M H F W A Q
C Z W T Y L L W E E H N K F
H K N S P I L Z W I E B E L
```

KNOBLAUCH	SCHALOTTE
ARTISCHOCKE	SPINAT
AUBERGINE	INGWER
BROKKOLI	RÜBE
KAROTTE	ZWIEBEL
SELLERIE	OLIVE
PILZ	ERBSE
KÜRBIS	RETTICH
GURKE	SALAT

80 - Plage

```
M  I  K  L  D  X  Z  J  S  R  I  F  F  S
E  N  Ü  Y  Y  O  G  U  A  E  H  O  N  C
E  S  S  M  I  O  C  S  N  G  Z  C  A  H
R  E  T  G  S  Y  V  K  D  E  L  K  T  W
H  L  E  A  U  A  O  U  A  N  Q  M  N  I
H  A  B  L  A  U  A  S  L  S  I  S  Z  M
R  G  N  X  A  L  U  J  E  C  I  T  N  M
K  B  M  D  S  A  N  D  N  H  Z  J  K  E
M  Z  N  N  T  G  D  X  G  I  G  K  K  N
S  B  O  K  Y  U  R  R  U  R  L  A  U  B
A  O  Z  E  A  N  C  M  L  M  U  F  M  A
I  O  N  Q  M  E  Q  H  K  R  A  B  B  E
X  T  M  N  Y  W  G  L  Z  M  Z  S  P  B
Y  R  T  S  E  G  E  L  B  O  O  T  A  J
```

BOOT	OZEAN
BLAU	REGENSCHIRM
KÜSTE	RIFF
KRABBE	SAND
DOCK	SANDALEN
INSEL	HANDTUCH
LAGUNE	SONNE
MEER	URLAUB
SCHWIMMEN	SEGELBOOT

81 - Vacances #1

```
E  S  T  M  H  R  Z  S  X  A  C  P  J  X
Y  N  C  F  V  K  O  F  F  E  R  O  G  E
S  N  T  H  N  Z  L  G  F  U  U  Z  E  C
W  T  X  S  W  Z  L  A  L  D  C  K  X  S
Ä  G  R  L  P  I  K  N  U  A  K  V  P  F
H  H  I  A  Q  A  M  M  G  U  S  T  E  A
R  M  G  K  S  P  N  M  Z  T  A  O  D  H
U  U  P  E  B  S  S  N  E  O  C  U  I  R
N  S  C  K  M  Y  E  C  U  N  K  R  T  K
G  E  R  O  U  T  E  N  G  N  Z  I  I  A
I  U  R  Y  Y  O  J  R  B  L  G  S  O  R
M  M  A  B  R  E  I  S  E  A  F  T  N  T
N  V  H  E  N  F  O  A  J  M  H  R  K  E
R  E  G  E  N  S  C  H  I  R  M  N  Q  G
```

FLUGZEUG	SCHWIMMEN
FAHRKARTE	REGENSCHIRM
WÄHRUNG	ENTSPANNUNG
ABREISE	RUCKSACK
ZOLL	TOURIST
EXPEDITION	STRASSENBAHN
ROUTE	KOFFER
SEE	AUTO
MUSEUM	

82 - Famille

```
T N E F F E T E U K V Q W M
G O F H W Q A K H S O L H U
R N C D V A N I B E R N E T
O K M H Ä J T N P K F J P T
S E Ü G T K E D R L A R T E
S L T R E E S E C S H O A R
M B T O R T R R G T R L V U
U R E S L V E T T E R T Q B
T U R S I D K I N D H E I T
T D L V C J I E L I D Q X M
E E I A H I N Z R G C Q Z H
R R C T R K D O L U Z H S C
R I H E H E M A N N R O T C
L V F R V A T E R D N H T E
```

VORFAHR	EHEMANN
VETTER	MÜTTERLICH
KINDHEIT	MUTTER
KIND	NEFFE
KINDER	NICHTE
EHEFRAU	ONKEL
TOCHTER	VÄTERLICH
BRUDER	VATER
GROSSMUTTER	TANTE
GROSSVATER	

83 - Oiseaux

```
T  F  L  A  M  I  N  G  O  G  K  S  P  Y
K  A  E  W  X  R  S  T  R  A  U  S  S  E
I  R  U  P  E  L  I  K  A  N  C  T  N  I
E  N  Ä  B  J  A  P  A  M  S  K  O  J  M
N  I  Q  H  E  L  D  Z  S  T  U  U  R  M
T  M  Ö  W  E  P  V  L  Z  X  C  C  E  Z
E  S  Z  V  S  U  W  S  E  I  K  A  I  V
V  C  P  K  C  L  P  P  O  R  Q  N  H  S
P  H  I  H  Q  X  V  A  M  E  D  G  E  A
F  W  N  U  U  I  B  T  Z  L  A  H  R  P
A  A  G  H  G  Q  T  Z  S  T  O  R  C  H
U  N  U  N  P  A  P  A  G  E  I  D  I  H
M  L  I  F  T  H  V  X  Z  M  X  H  R  M
G  Q  N  V  E  D  K  V  A  E  Q  W  S  I
```

ADLER	PINGUIN
STRAUSS	SPATZ
ENTE	MÖWE
STORCH	EI
TAUBE	GANS
KRÄHE	PFAU
KUCKUCK	PAPAGEI
SCHWAN	PELIKAN
FLAMINGO	HUHN
REIHER	TOUCAN

84 - Disciplines Scientifiques

```
M  B  B  I  O  L  O  G  I  E  Q  I  F  L
U  I  O  N  E  U  R  O  L  O  G  I  E  I
U  O  N  T  A  N  A  T  O  M  I  E  D  N
A  C  F  E  A  M  E  C  H  A  N  I  K  G
S  H  K  F  R  N  T  T  N  M  R  Q  W  U
T  E  B  E  Q  A  I  M  S  F  O  D  W  I
R  M  W  R  R  Q  L  K  M  F  G  X  T  S
O  I  P  S  Y  C  H  O  L  O  G  I  E  T
N  E  C  H  E  M  I  E  G  C  A  D  Z  I
O  G  E  O  L  O  G  I  E  I  B  P  F  K
M  S  O  Z  I  O  L  O  G  I  E  B  W  T
I  V  P  H  Y  S  I  O  L  O  G  I  E  T
E  T  H  E  R  M  O  D  Y  N  A  M  I  K
I  M  M  U  N  O  L  O  G  I  E  I  G  L
```

ANATOMIE	LINGUISTIK
ASTRONOMIE	MECHANIK
BIOCHEMIE	MINERALOGIE
BIOLOGIE	NEUROLOGIE
BOTANIK	PHYSIOLOGIE
CHEMIE	PSYCHOLOGIE
GEOLOGIE	SOZIOLOGIE
IMMUNOLOGIE	THERMODYNAMIK

85 - Émotions

```
Z F A Ü E Z B M I R B W X S
Ä L U B N U D A N K B A R Y
R A F E T F D H H I C L X M
T N G R S R W W A N G S T P
L G E R P I R R L E P R B A
I E R A A E W E T R U H E T
C W E S N D F U L K F K S H
H E G C N E R R T I H N C I
K I T H T N I U E Z E S H E
E L G E Y I E H P U O F Ä K
I E O N H J D I Y G D N M M
T L I E B E E G T E W E T J
T M L K U G N R Q G K H R B
T R A U R I G K E I T T Y T
```

LIEBE
RUHIG
WUT
INHALT
ENTSPANNT
BESCHÄMT
LANGEWEILE
AUFGEREGT
FREUDE
FRIEDEN

ANGST
DANKBAR
RELIEF
ZUFRIEDEN
ÜBERRASCHEN
SYMPATHIE
ZÄRTLICHKEIT
RUHE
TRAURIGKEIT

86 - Géographie

```
R  J  W  E  S  T  R  F  K  F  L  M  R  V
C  B  E  R  G  L  G  A  D  I  L  D  E  Q
X  Y  L  M  J  A  E  F  V  M  M  U  B  J
O  R  T  Y  E  N  B  I  N  S  E  L  S  Q
S  Ü  D  E  N  D  I  R  H  O  E  B  L  S
M  L  M  H  Ö  H  E  E  E  K  R  M  O  A
B  E  I  N  C  C  T  G  M  O  K  D  Z  P
O  E  R  F  Z  N  G  I  I  N  X  L  E  S
V  R  Q  I  N  L  D  O  S  T  A  O  A  N
T  N  K  V  D  E  S  N  P  I  R  V  N  F
K  A  R  T  E  I  T  R  H  N  Z  C  W  S
B  R  E  I  T  E  A  A  Ä  E  U  J  X  D
A  T  L  A  S  N  D  N  R  N  Q  I  I  L
O  Z  I  G  K  P  T  X  E  T  E  T  T  B
```

HÖHE	WELT
ATLAS	BERG
KARTE	NORDEN
KONTINENT	OZEAN
FLUSS	WEST
HEMISPHÄRE	LAND
INSEL	REGION
BREITE	SÜDEN
MEER	GEBIET
MERIDIAN	STADT

87 - Danse

```
A K U L T U R E L L W K U R
C U T Q R R P R O B E U C H
A H S S P R I N G E N L H Y
U N O D A L O R K W M T A T
W E M R R O T H D E U U L H
C K J U E U B Q V G S R T M
K Ö D K T O C A M U I Y U U
F R E U D I G K B N K H N S
M P I N T E Z R S G D T G N
Z E F S C O L S A V P E P K
R R L T W K J M Y P O S Y Y
B E K L A S S I S C H L Y H
M A K A D E M I E F P I L G
E M O T I O N P A R T N E R
```

AKADEMIE	ANMUT
KUNST	FREUDIG
CHOREOGRAPHIE	BEWEGUNG
KLASSISCH	MUSIK
KÖRPER	PARTNER
KULTUR	HALTUNG
KULTURELL	PROBE
AUSDRUCKSVOLL	RHYTHMUS
EMOTION	SPRINGEN

88 - Bâtiments

```
H  S  F  T  B  P  S  M  U  S  E  U  M  Y
B  O  F  J  V  W  P  B  R  U  K  I  N  O
A  L  T  H  E  A  T  E  R  P  L  G  K  B
O  P  R  E  D  O  U  G  S  E  A  P  R  S
S  U  A  C  L  F  R  A  T  R  B  S  A  E
C  C  Y  R  J  I  M  R  A  M  O  C  N  R
H  F  H  U  T  N  B  A  D  A  R  H  K  V
U  E  W  L  L  M  I  G  I  R  L  E  E  A
L  Y  E  C  O  I  E  E  O  K  J  U  N  T
E  Z  E  L  T  S  C  N  N  T  O  N  H  O
U  N  I  V  E  R  S  I  T  Ä  T  E  A  R
I  G  B  O  T  S  C  H  A  F  T  O  U  I
Z  K  A  B  I  N  E  L  E  S  A  H  S  U
M  K  F  A  B  R  I  K  G  P  X  Y  G  M
```

BOTSCHAFT	LABOR
APARTMENT	MUSEUM
KABINE	OBSERVATORIUM
SCHLOSS	STADION
KINO	SUPERMARKT
SCHULE	ZELT
GARAGE	THEATER
SCHEUNE	TURM
KRANKENHAUS	UNIVERSITÄT
HOTEL	FABRIK

89 - Pêche

```
Q  B  V  B  V  C  O  K  O  R  B  M  V  B
D  B  Y  O  V  C  Z  O  I  S  Y  G  M  M
R  R  W  O  J  V  E  C  G  E  D  U  L  D
D  W  A  T  H  C  A  H  A  E  M  N  R  F
G  B  S  H  K  A  N  E  K  J  L  E  T  W
K  Z  S  K  T  Z  K  N  S  T  R  A  N  D
Ö  A  E  B  G  K  I  E  F  E  R  H  F  J
D  T  R  S  R  Z  G  W  N  T  H  W  L  K
E  J  A  H  R  E  S  Z  E  I  T  E  U  F
R  U  W  B  J  D  G  F  Z  W  D  I  S  S
Ü  B  E  R  T  R  E  I  B  U  N  G  S  T
V  Y  C  F  R  A  B  G  E  W  I  C  H  T
A  A  U  S  R  Ü  S  T  U  N  G  Y  I  G
F  T  R  U  D  Z  N  W  T  M  V  H  M  L
```

KÖDER	FLUSS
BOOT	SEE
KIEMEN	KIEFER
HAKEN	OZEAN
KOCHEN	KORB
WASSER	GEDULD
ÜBERTREIBUNG	STRAND
AUSRÜSTUNG	GEWICHT
DRAHT	JAHRESZEIT

90 - Activités et Loisirs

```
T R A M S U R F E N R Q S Y
E E N B C C B R E I S E F C
N N G A H F A A M J P J U S
N N E S W M Y M S K U N S T
I E L K I Q Z L P E L I S E
S N N E M A H W I I B K B U
K Y Z T M Y B O X E N A A M
C F R B E O R L B A T G L P
B J W A N D E R N B B K L L
C E S L S U B U Z B I S X S
R G X L G E M Ä L D E E A X
T A U C H E N M E N L K S Q
V O L L E Y B A L L I D R E
G O L F G R M G U C H X S Y
```

KUNST	HOBBIES
BASEBALL	GEMÄLDE
BASKETBALL	ANGELN
BOXEN	TAUCHEN
CAMPING	WANDERN
RENNEN	SURFEN
FUSSBALL	TENNIS
GOLF	VOLLEYBALL
SCHWIMMEN	REISE

91 - Livres

```
D  M  P  J  D  S  P  A  H  L  R  Z  E  R
U  K  O  N  T  E  X  T  U  I  V  K  F  E
A  X  E  P  I  R  A  J  H  T  D  J  P  L
L  E  S  E  R  I  B  L  I  E  O  K  O  E
I  R  I  E  L  E  E  G  S  R  G  R  H  V
T  Z  E  X  I  S  N  E  T  A  E  T  U  A
Ä  Ä  G  D  W  T  T  D  O  R  S  R  M  N
T  H  E  S  T  T  E  I  R  I  C  A  O  T
Q  L  A  P  N  Y  U  C  I  S  H  G  R  D
L  E  I  I  I  U  E  H  S  C  I  I  V  A
E  R  I  N  M  S  R  T  C  H  C  S  O  Q
X  H  N  G  Y  U  C  V  H  G  H  C  L  H
S  H  R  O  M  A  N  H  X  T  T  H  L  X
K  O  L  L  E  K  T  I  O  N  E  Y  D  B
```

AUTOR	LITERARISCH
ABENTEUER	ERZÄHLER
KOLLEKTION	SEITE
KONTEXT	RELEVANT
DUALITÄT	GEDICHT
EPISCH	POESIE
GESCHICHTE	ROMAN
HISTORISCH	SERIE
HUMORVOLL	TRAGISCH
LESER	

92 - Pays #2

```
D  C  A  M  D  Ä  N  E  M  A  R  K  A  L
D  K  K  E  N  I  A  Y  X  M  L  N  R  I
V  U  L  X  K  Q  I  I  F  B  A  F  T  B
J  G  G  I  P  N  W  L  C  H  I  N  A  A
A  A  E  K  S  U  D  A  N  B  N  U  L  N
P  N  M  O  H  Y  B  O  Y  L  G  R  B  O
A  D  W  A  O  A  R  S  K  H  F  U  A  N
N  A  F  U  I  N  I  I  I  S  S  S  N  U
H  Q  M  X  R  K  Q  T  E  R  A  S  I  K
S  O  M  A  L  I  A  A  I  N  Y  L  E  R
F  I  H  W  A  P  A  K  I  S  T  A  N  A
Z  F  R  A  N  K  R  E  I  C  H  N  N  I
R  T  X  Q  D  O  L  S  V  P  E  D  K  N
I  N  D  O  N  E  S  I  E  N  E  A  X  E
```

ALBANIEN	LAOS
CHINA	LIBANON
DÄNEMARK	MEXIKO
FRANKREICH	UGANDA
HAITI	PAKISTAN
INDONESIEN	RUSSLAND
IRLAND	SOMALIA
JAMAIKA	SUDAN
JAPAN	SYRIEN
KENIA	UKRAINE

93 - Fournitures d'Art

```
I  B  N  H  U  K  H  F  K  Y  T  C  Y  V
A  D  Q  K  S  T  A  F  F  E  L  E  I  H
Ö  C  E  U  Q  B  L  M  S  T  U  H  L  E
L  A  R  E  T  I  N  T  E  L  K  O  E  M
S  T  F  Y  N  N  B  E  L  R  W  L  I  R
H  A  L  B  L  Z  L  W  H  J  A  Z  M  U
W  B  Ü  R  S  T  E  N  U  T  S  K  G  U
F  E  W  P  A  P  I  E  R  A  S  O  U  T
G  L  S  K  C  C  S  T  X  M  E  H  C  O
M  L  Z  Y  J  L  T  S  Z  U  R  L  O  N
Z  E  G  U  N  Q  I  F  A  R  B  E  N  B
G  A  Y  N  H  Y  F  C  O  U  M  Q  B  R
P  E  K  R  E  A  T  I  V  I  T  Ä  T  E
X  I  R  A  D  I  E  R  G  U  M  M  I  O
```

ACRYL	BLEISTIFTE
TON	KREATIVITÄT
BÜRSTEN	WASSER
KAMERA	TINTE
STUHL	RADIERGUMMI
HOLZKOHLE	ÖL
STAFFELEI	IDEEN
LEIM	PAPIER
FARBEN	TABELLE

94 - Jouets

```
B  S  F  S  K  R  X  G  B  M  P  T  S  K
F  C  L  C  U  B  O  J  C  E  U  O  T  U
A  H  U  H  N  A  D  B  O  I  Z  N  R  Q
V  L  G  A  S  L  R  B  O  T  Z  L  K  W
O  A  Z  C  T  L  A  U  L  T  L  V  N  Z
R  G  E  H  H  A  C  N  D  M  E  R  P  U
I  Z  U  T  A  U  H  T  B  D  J  R  H  G
T  E  G  N  N  T  E  S  Q  O  M  L  A  W
K  U  O  L  D  O  N  T  I  Z  O  C  N  A
E  G  T  I  W  S  P  I  E  L  E  T  T  F
A  J  O  Z  E  V  U  F  A  H  R  R  A  D
P  R  J  F  R  G  P  T  G  W  G  O  S  E
M  K  Z  N  K  K  P  E  L  H  H  A  I  K
Y  Q  B  Ü  C  H  E  R  K  W  T  T  E  K
```

TON	PHANTASIE
KUNSTHANDWERK	SPIELE
FLUGZEUG	BÜCHER
BALL	PUPPE
BOOT	PUZZLE
LKW	ROBOTER
DRACHEN	SCHLAGZEUG
BUNTSTIFTE	ZUG
SCHACH	FAHRRAD
FAVORIT	AUTO

95 - Eau

```
T W G W U W C U J F V R K F
R E X C I Z L G W G F G Y K
I L B E W Ä S S E R U N G W
N L F E U C H T I G K E I T
K E R L G J R F S P G A K F
B N O C U X E S L C E G A E
A S S H U T G W E U Y D N U
R A T T O Z E A N E S U A C
S C H N E E N U O C I S L H
M O N S U N L X I S R C D T
V E R D U N S T U N G H Y E
H U R R I K A N W M Q E S K
R A J O Q D A M P F F B L J
Y L F O P O O H O P I F H B
```

KANAL
DUSCHE
VERDUNSTUNG
FLUSS
FROST
GEYSIR
EIS
FEUCHT
FEUCHTIGKEIT
FLUT

BEWÄSSERUNG
SEE
MONSUN
SCHNEE
OZEAN
HURRIKAN
REGEN
TRINKBAR
WELLEN
DAMPF

96 - Paysages

```
G  W  A  S  S  E  R  F  A  L  L  V  E  L
C  Ü  D  U  U  S  D  B  S  S  N  U  V  X
N  S  K  T  V  M  Ü  N  D  U  N  G  E  P
H  T  D  N  L  G  P  E  I  S  B  E  R  G
Ü  E  C  Q  F  E  V  F  G  N  C  W  H  F
G  L  E  T  S  C  H  E  R  S  R  T  N  L
E  E  C  A  H  A  L  B  I  N  S  E  L  U
L  W  Y  L  H  Ö  H  L  E  O  A  S  Q  S
H  X  H  S  T  U  N  D  R  A  B  L  N  S
I  V  K  K  I  N  S  E  L  S  M  E  E  R
W  K  S  E  E  R  E  I  Q  E  J  R  R  U
S  T  R  A  N  D  V  U  L  K  A  N  B  G
P  U  P  N  T  J  R  M  F  Y  W  Y  D  P
K  N  X  R  L  E  L  P  A  P  M  R  D  C
```

WASSERFALL	SEE
HÜGEL	SUMPF
WÜSTE	MEER
MÜNDUNG	BERG
FLUSS	OASE
GEYSIR	HALBINSEL
GLETSCHER	STRAND
HÖHLE	TUNDRA
EISBERG	TAL
INSEL	VULKAN

97 - Nombres

```
V  M  D  T  G  L  F  E  Z  Q  S  Y  Z  D
S  I  W  O  Z  K  Ü  Ü  Y  J  E  F  Q  E
Y  K  E  V  K  D  N  W  N  P  C  H  B  Z
V  Y  A  R  C  Z  F  C  H  F  H  W  Q  I
I  Y  E  D  Z  W  Ö  L  F  D  Z  Q  C  M
E  C  E  O  R  E  C  G  Q  R  E  E  C  A
R  S  N  W  A  E  H  B  Z  E  H  N  H  L
S  I  E  B  E  N  I  N  S  I  N  C  Z  N
E  E  U  P  L  A  C  H  T  Z  E  H  N  U
C  B  N  K  S  C  G  U  P  E  U  W  S  L
H  Z  Z  K  X  H  C  M  O  H  N  F  S  L
S  E  E  K  A  T  Z  F  B  N  Z  W  E  I
D  H  H  Z  W  A  N  Z  I  G  S  S  J  N
B  N  N  T  Y  W  I  Z  Q  Q  Y  T  H  N
```

FÜNF	VIERZEHN
ZWEI	VIER
DEZIMAL	FÜNFZEHN
ZEHN	SECHZEHN
ACHTZEHN	SIEBEN
NEUNZEHN	SECHS
SIEBZEHN	DREIZEHN
ZWÖLF	DREI
ACHT	ZWANZIG
NEUN	NULL

98 - Nature

```
B H L H E T R O P I S C H H
I E G A R K T I S C H U T Z
Z I K F O K I U Y W B F C R
Y L J C S E E N I A K J M K
W I F O I B R E C L P T I O
Ü G G G O H E M L D C X S W
S T F L N D Y N A M I S C H
T U L A E H E I T E R W H O
E M U R B T W C J Y G I Ö Q
N A S A E Z S O Y H O L N F
E T S R L X P C L Z F D H N
B I E N E N F S H K G F E B
F R I E D L I C H E E H I P
A O U T L G L A U B R N T A
```

BIENEN	FLUSS
SCHUTZ	WALD
TIERE	GLETSCHER
ARKTIS	WOLKEN
SCHÖNHEIT	FRIEDLICH
NEBEL	HEILIGTUM
WÜSTE	WILD
DYNAMISCH	HEITER
EROSION	TROPISCH
LAUB	

99 - Bateaux

B	H	M	G	Y	G	W	Z	J	U	P	J	N	Z
S	E	E	S	E	P	T	F	L	U	S	S	F	J
E	N	E	K	M	T	M	L	T	U	Q	O	T	G
I	K	R	A	C	E	B	O	Z	E	A	N	A	I
L	A	B	N	J	Q	A	S	W	G	Q	J	H	L
S	J	Z	U	M	C	Z	S	N	W	I	B	T	Y
E	A	W	E	G	R	N	A	U	T	I	S	C	H
G	K	H	E	Z	E	S	F	P	A	N	K	E	R
E	G	G	C	L	W	P	E	Ä	M	O	T	O	R
L	R	Z	J	A	L	N	P	E	H	J	I	S	N
B	K	I	E	N	E	E	Z	D	M	R	D	H	G
O	L	C	G	C	E	G	N	J	A	A	E	U	W
O	T	B	O	J	E	Z	H	H	S	G	N	V	D
T	N	P	D	Z	Y	A	C	H	T	X	I	N	R

ANKER	SEEMANN
BOJE	MAST
KANU	MEER
SEIL	MOTOR
CREW	NAUTISCH
FÄHRE	OZEAN
FLUSS	FLOSS
KAJAK	WELLEN
SEE	SEGELBOOT
TIDE	YACHT

100 - Mesures

```
U  N  Z  E  D  T  O  N  N  E  K  Z  K  O
M  A  S  S  E  R  R  N  S  X  I  E  F  N
Z  R  Q  Y  Z  N  Q  T  L  P  L  N  Z  G
A  D  H  M  I  N  U  T  E  Z  O  T  K  E
B  J  B  C  M  G  R  A  D  O  G  I  I  D
G  Y  V  Z  A  P  B  C  X  L  R  M  L  H
R  L  T  M  L  Z  S  R  Z  L  A  E  O  Ö
A  M  I  E  H  W  G  Q  E  V  M  T  M  H
M  O  N  T  T  I  E  F  E  I  M  E  E  E
M  F  D  E  E  D  W  B  E  K  T  R  T  N
Y  U  K  R  T  R  I  P  G  F  A  E  E  S
L  Z  V  H  X  I  C  M  T  O  H  U  R  J
L  Ä  N  G  E  F  H  V  O  L  U  M  E  N
O  E  V  R  G  J  T  D  I  Q  B  H  J  R
```

ZENTIMETER	MASSE
GRAD	METER
DEZIMAL	MINUTE
GRAMM	BYTE
HÖHE	UNZE
KILOGRAMM	GEWICHT
KILOMETER	ZOLL
BREITE	TIEFE
LITER	TONNE
LÄNGE	VOLUMEN

1 - Été

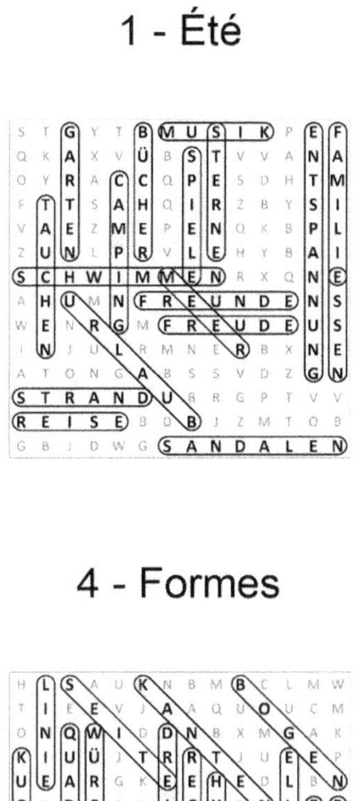

2 - Adjectifs #2

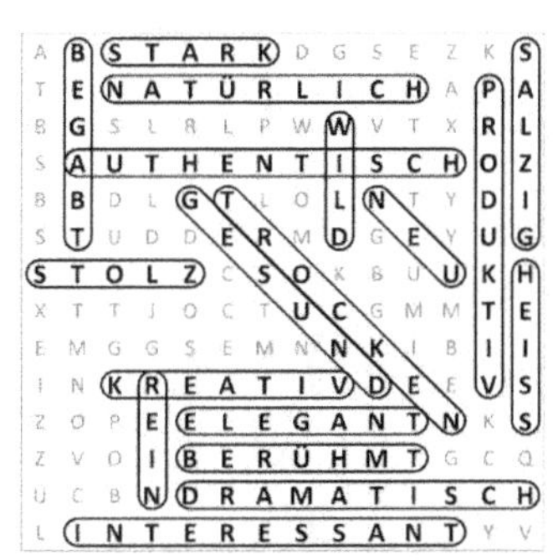

3 - Exploration

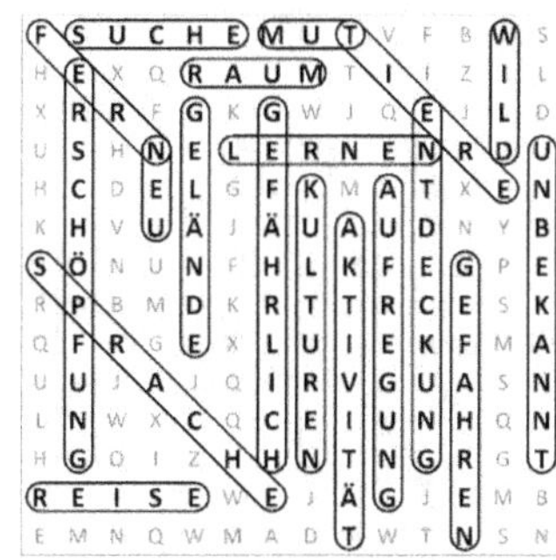

4 - Formes

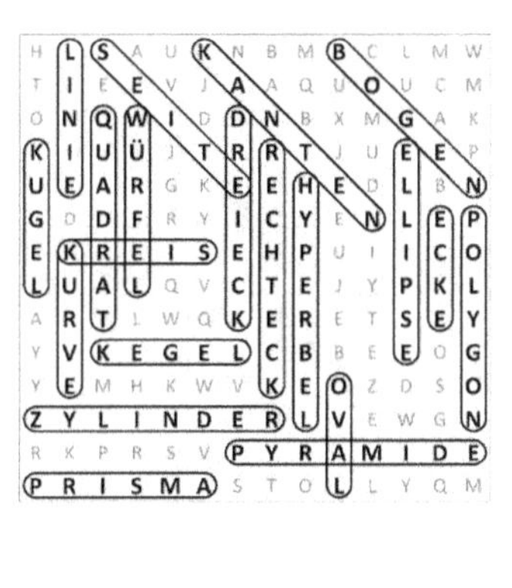

5 - Adjectifs #1

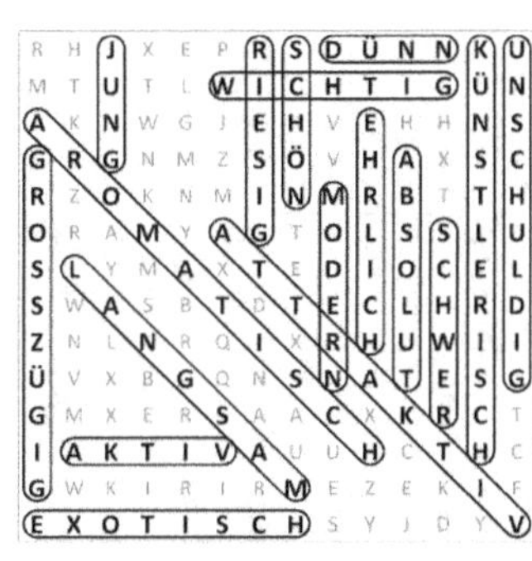

6 - Instruments de Musique

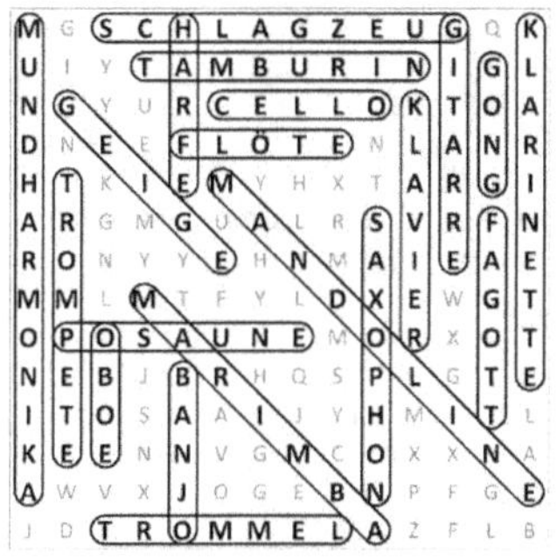

7 - Échecs

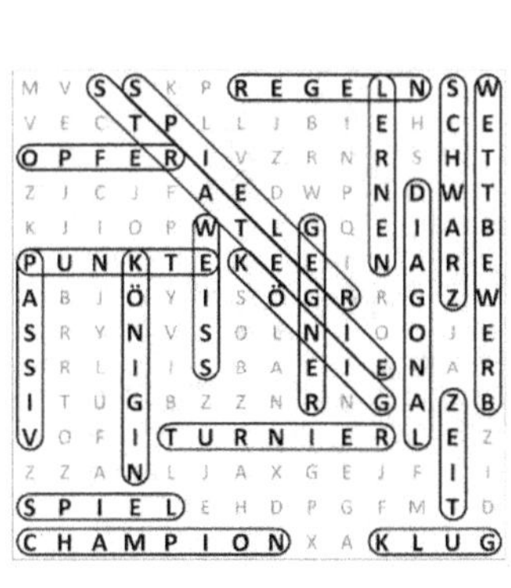

8 - Herboristerie

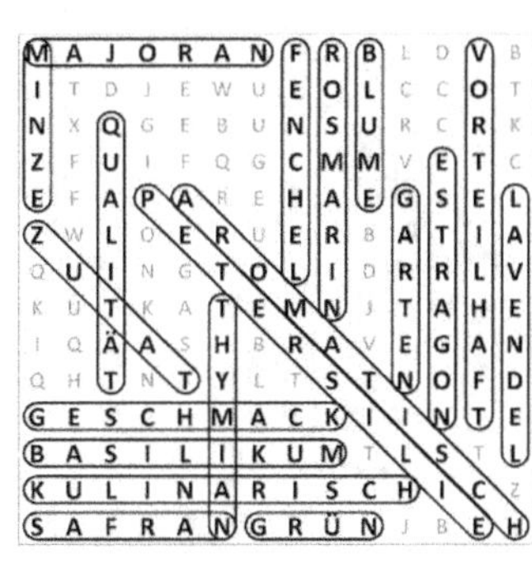

9 - Véhicules

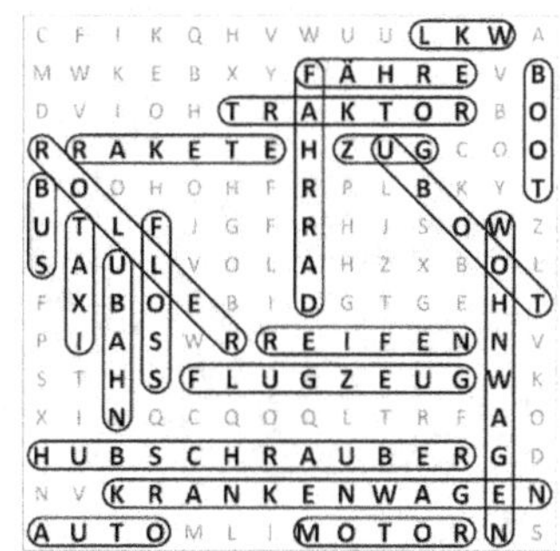

10 - Camping

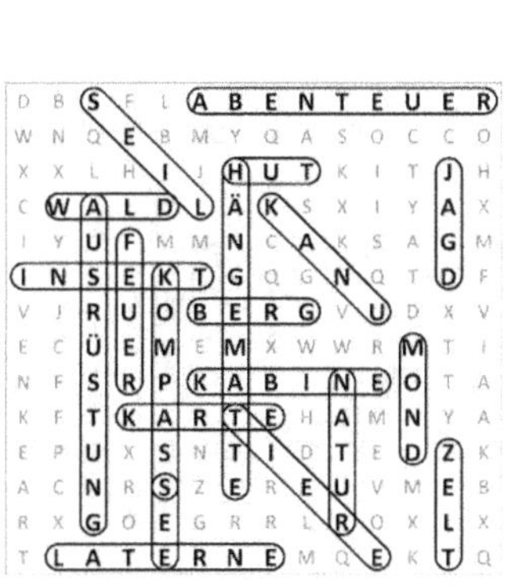

11 - Conservation

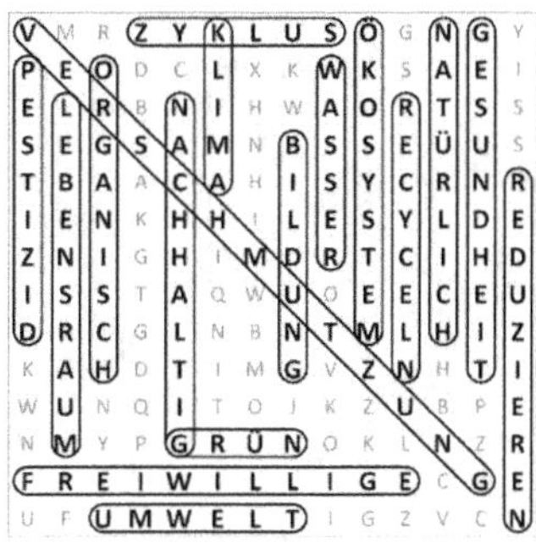

12 - Écologie

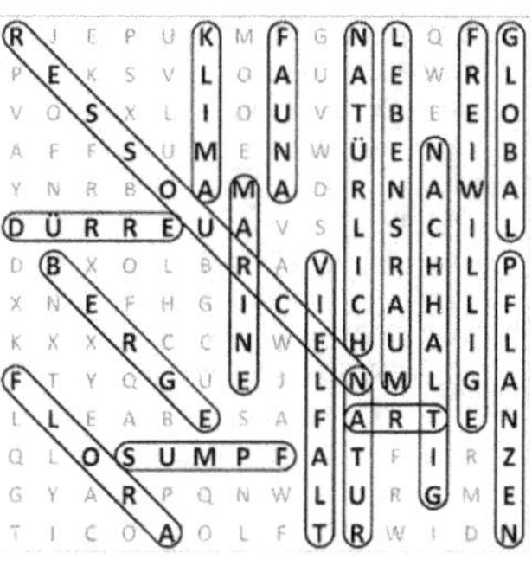

13 - Astronomie

14 - Types de Cheveux

15 - Restaurant #1

16 - Mammifères

17 - Sports

18 - Chocolat

19 - Mathématiques

20 - Mythologie

21 - Restaurant #2

22 - Couleurs

23 - Avions

24 - Aventure

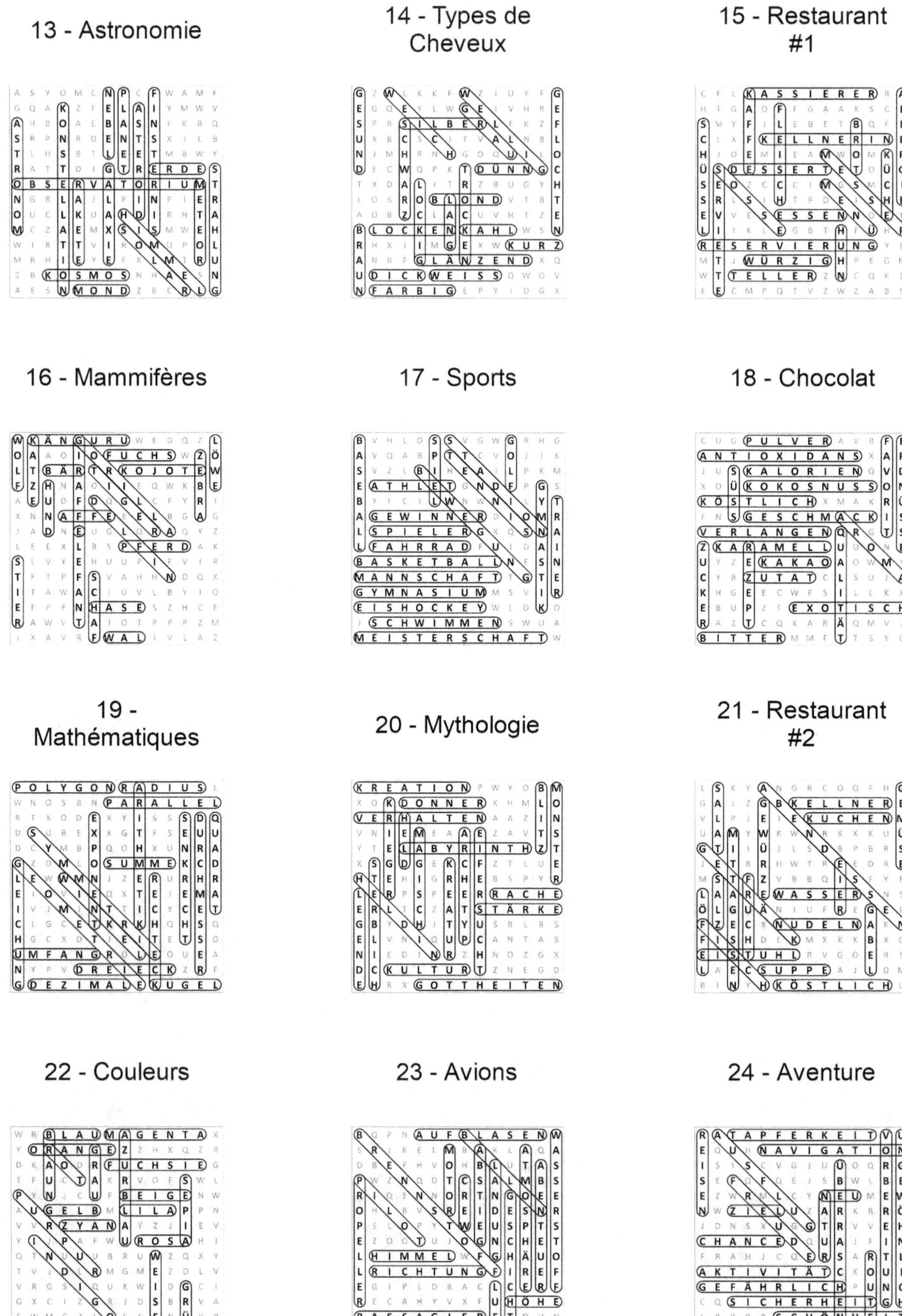

25 - Ville

26 - Cuisine

27 - Corps Humain

28 - Épices

29 - Science

30 - Chats

31 - Vêtements

32 - Arts Visuels

33 - Méditation

34 - Littérature

35 - Nourriture #1

36 - Jours et Mois

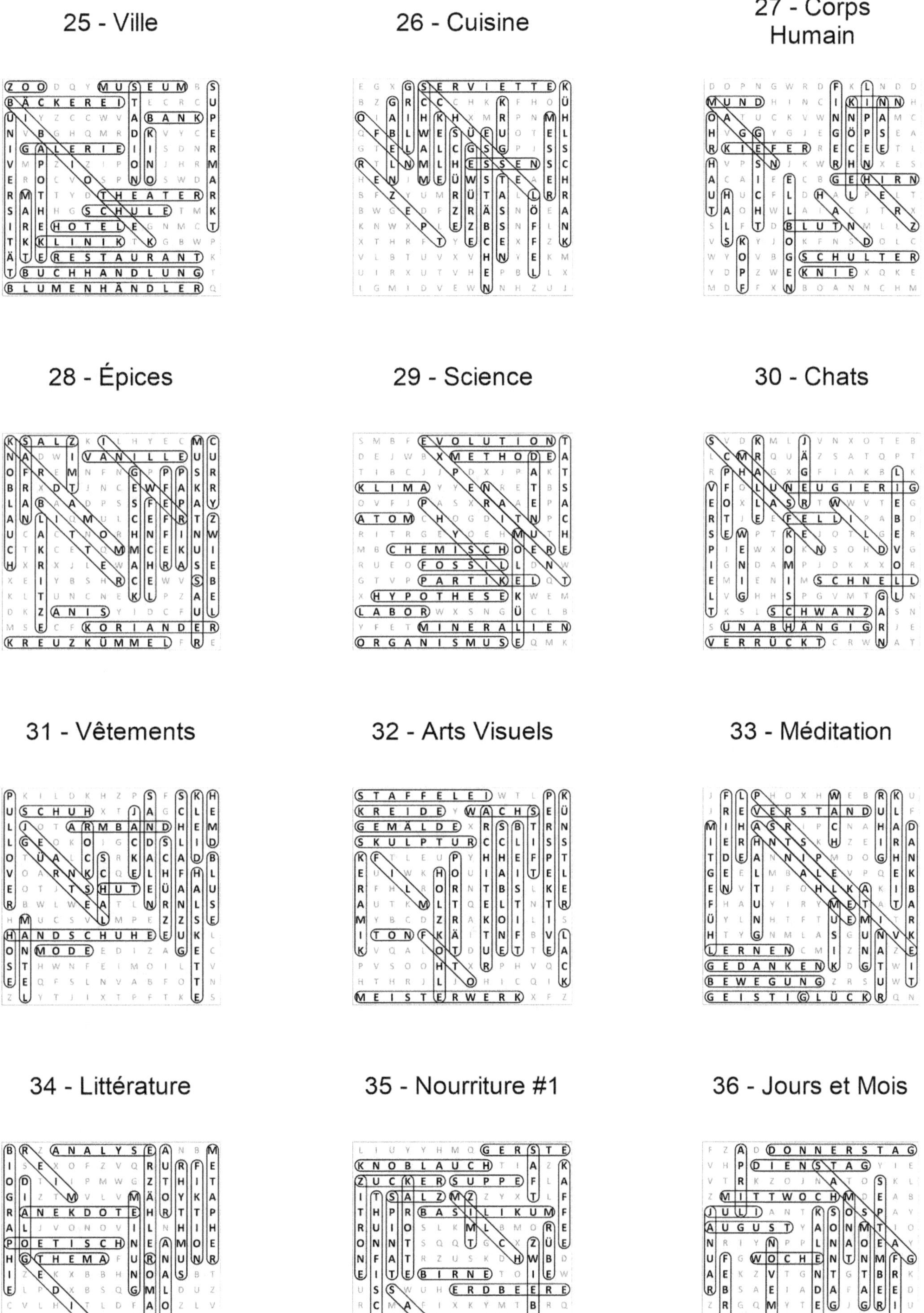

37 - Championnat

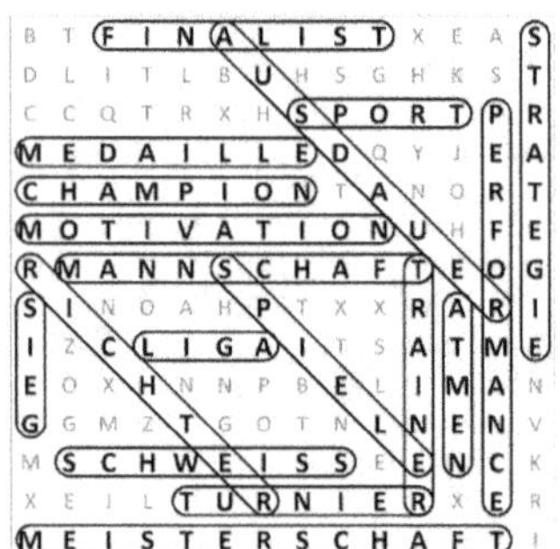

38 - Pirates

39 - Activités

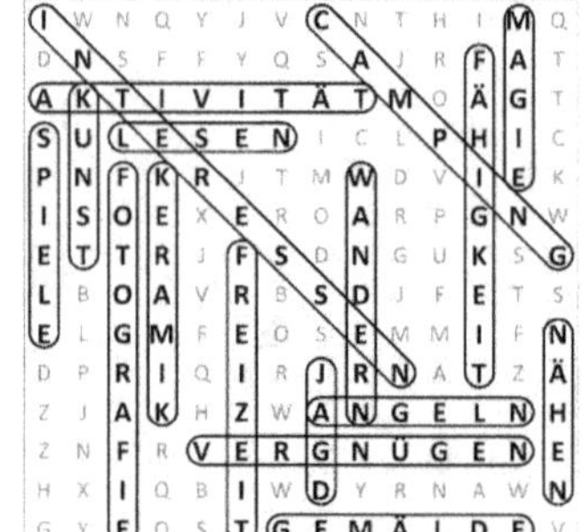

40 - Fleurs

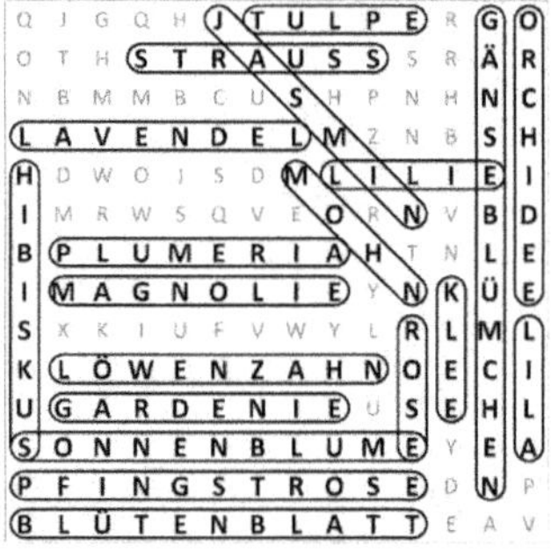

41 - Nourriture #2

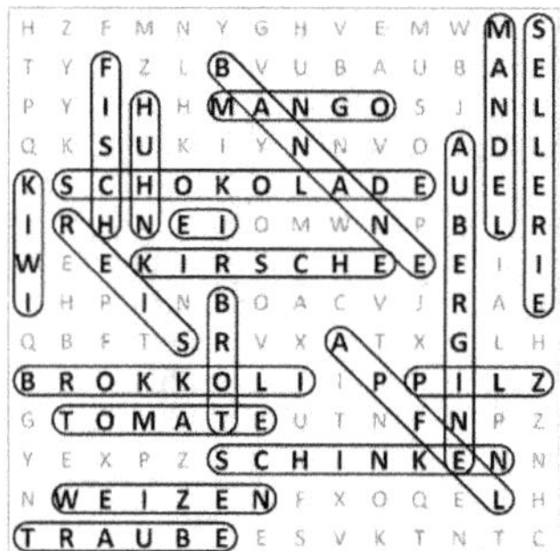

42 - Océan

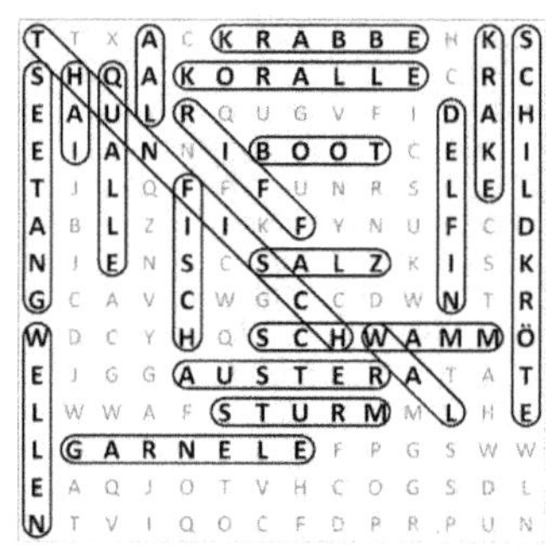

43 - Remplir

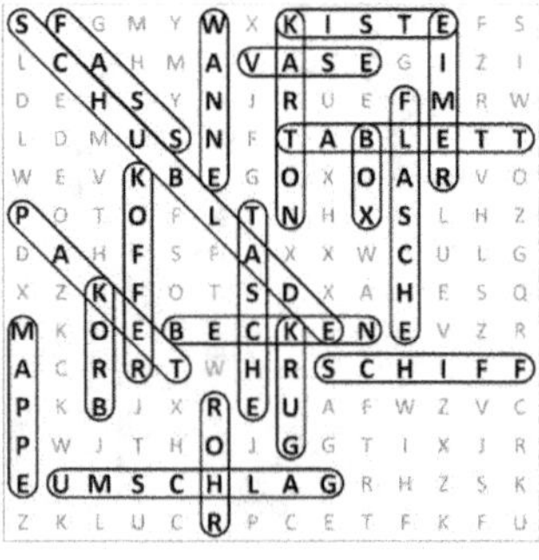

44 - Ballet

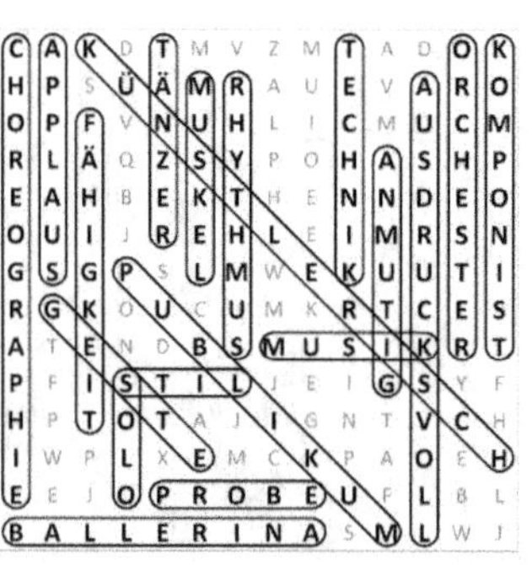

45 - Fruit

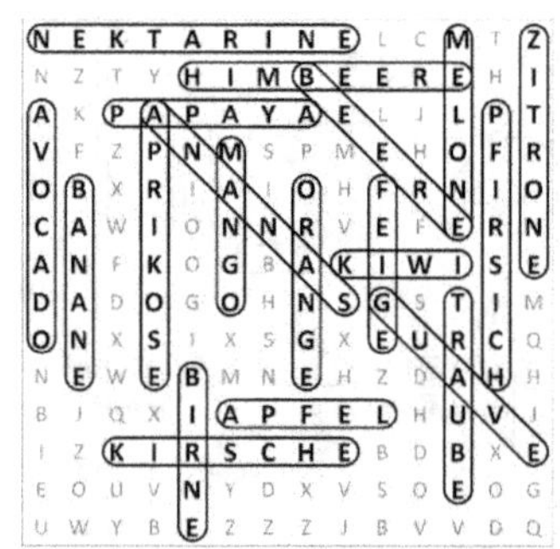

46 - Surf

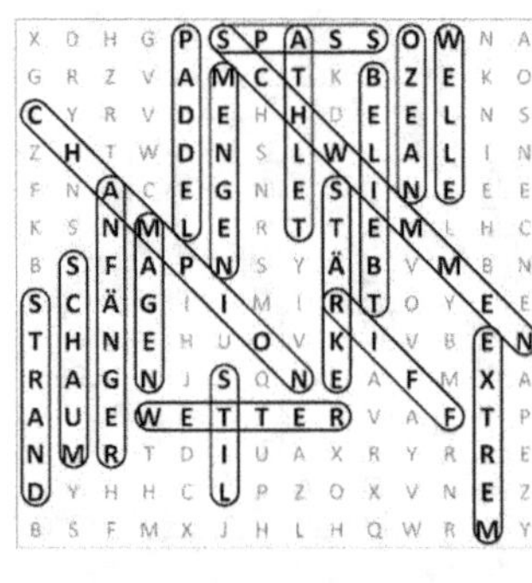

47 - Technologie

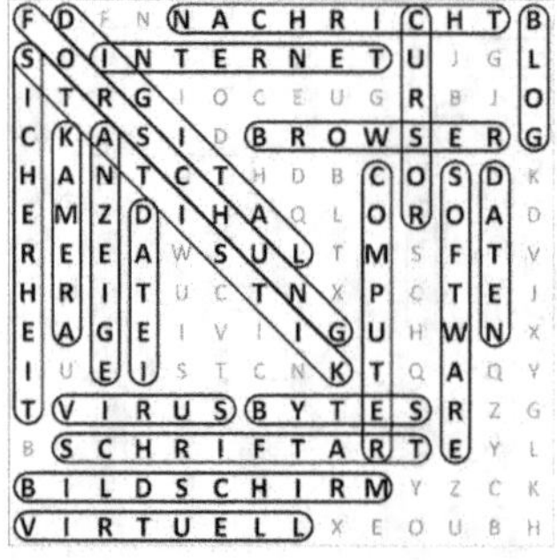

48 - Météo

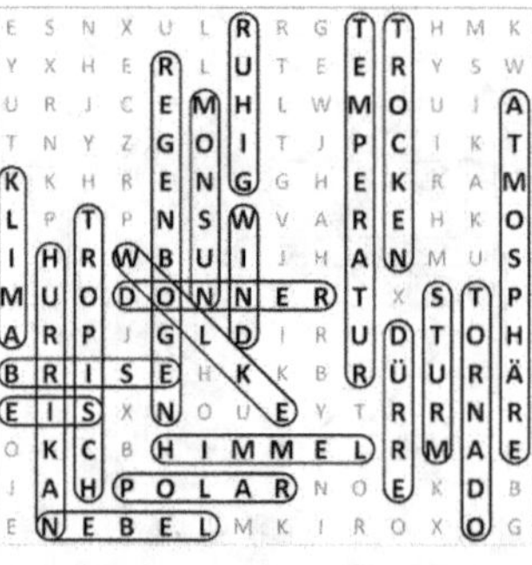

49 - Châteaux

50 - Randonnée

51 - Meubles

52 - Art

53 - Nutrition

54 - Science Fiction

55 - Professions #1

56 - Géologie

57 - Cirque

58 - Jardin

59 - Barbecues

60 - Anniversaire

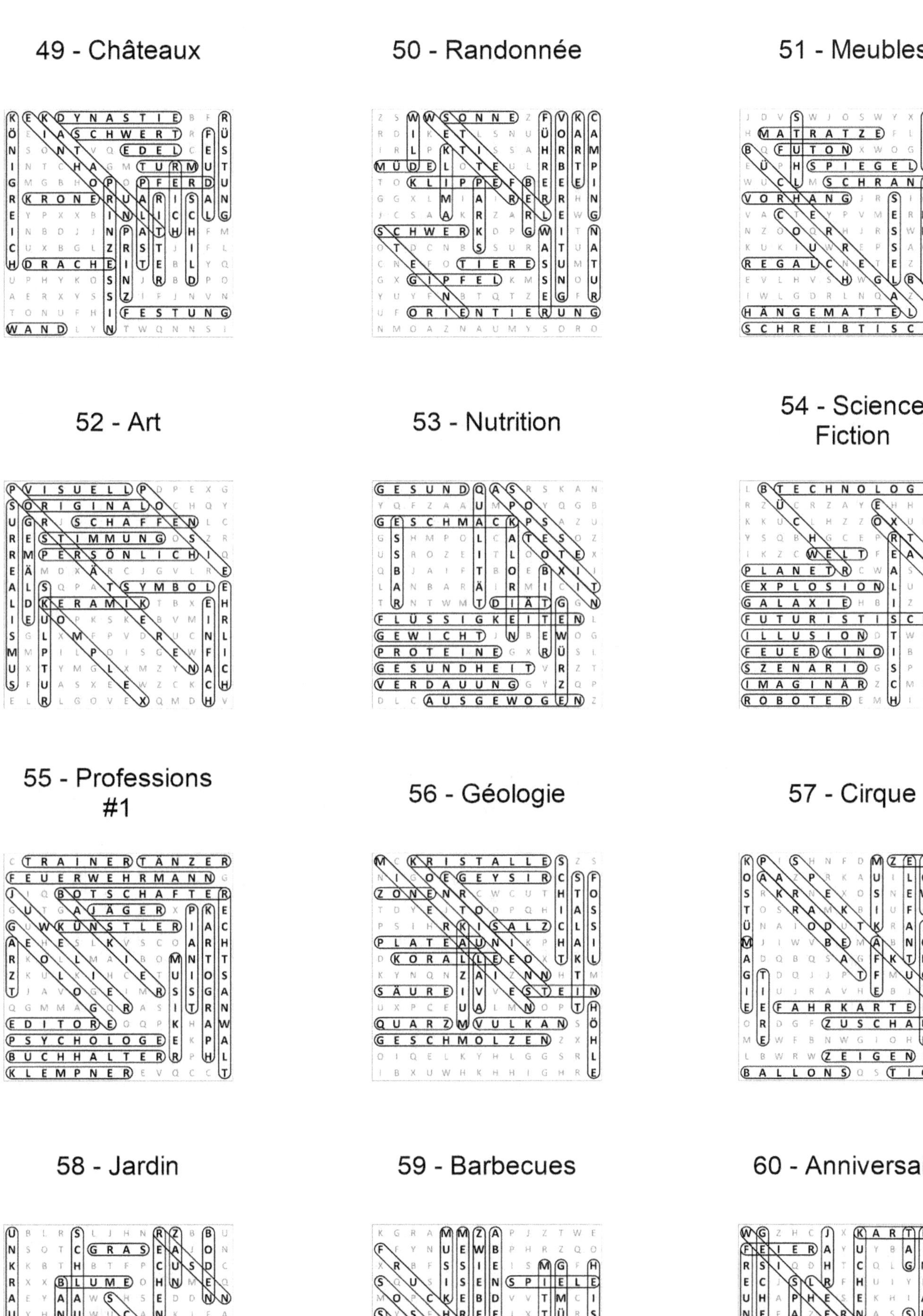

61 - Animaux de Compagnie

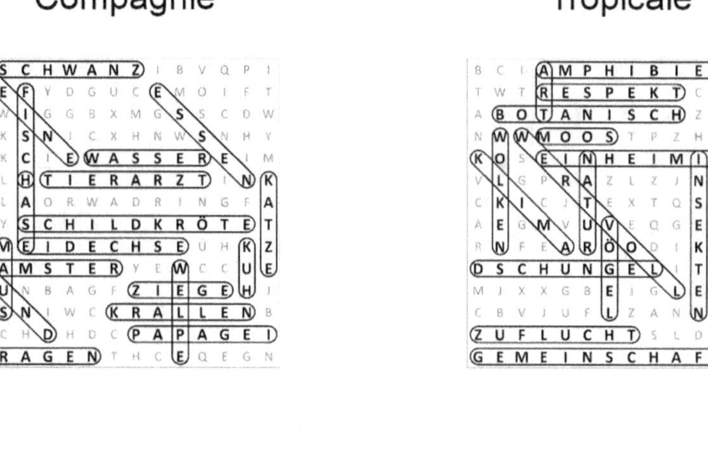

62 - Forêt Tropicale

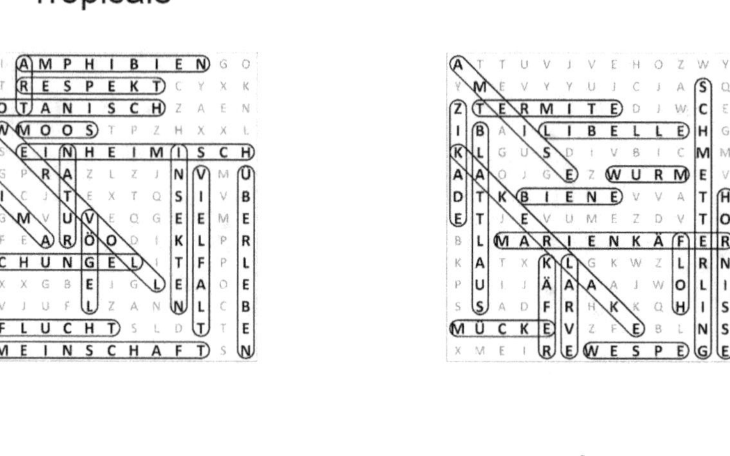

63 - Insectes

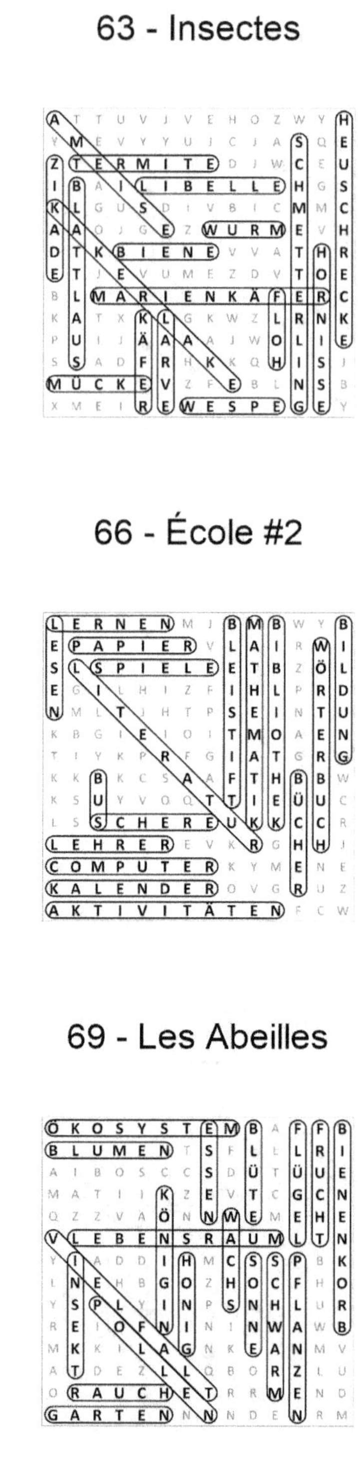

64 - Ferme #1

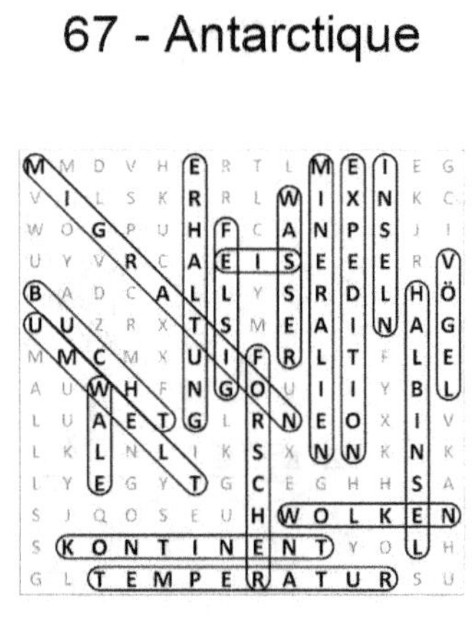

65 - Escalade

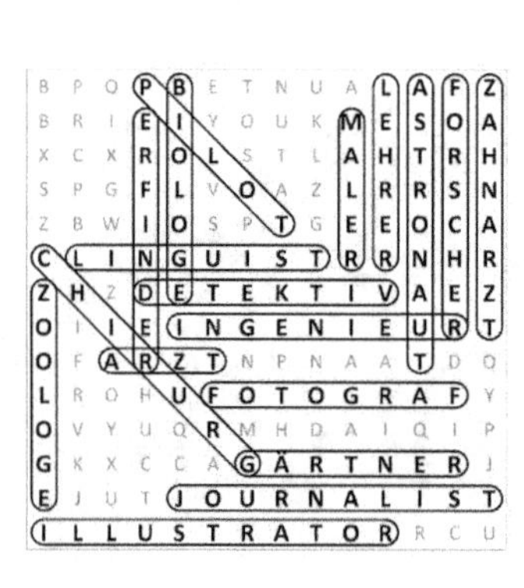

66 - École #2

67 - Antarctique

68 - Professions #2

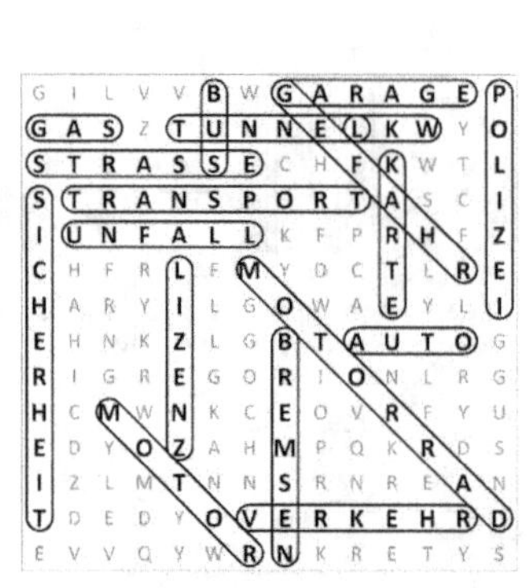

69 - Les Abeilles

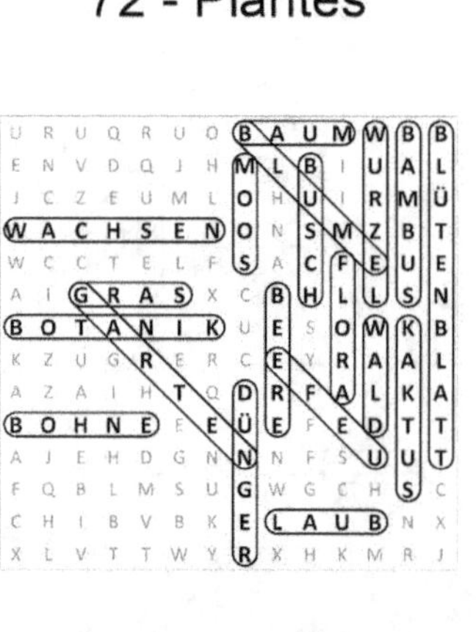

70 - Dinosaures

71 - Conduite

72 - Plantes

73 - Ferme #2

74 - École #1

75 - Vacances #2

76 - Outils

77 - Temps

78 - Maison

79 - Légumes

80 - Plage

81 - Vacances #1

82 - Famille

83 - Oiseaux

84 - Disciplines Scientifiques

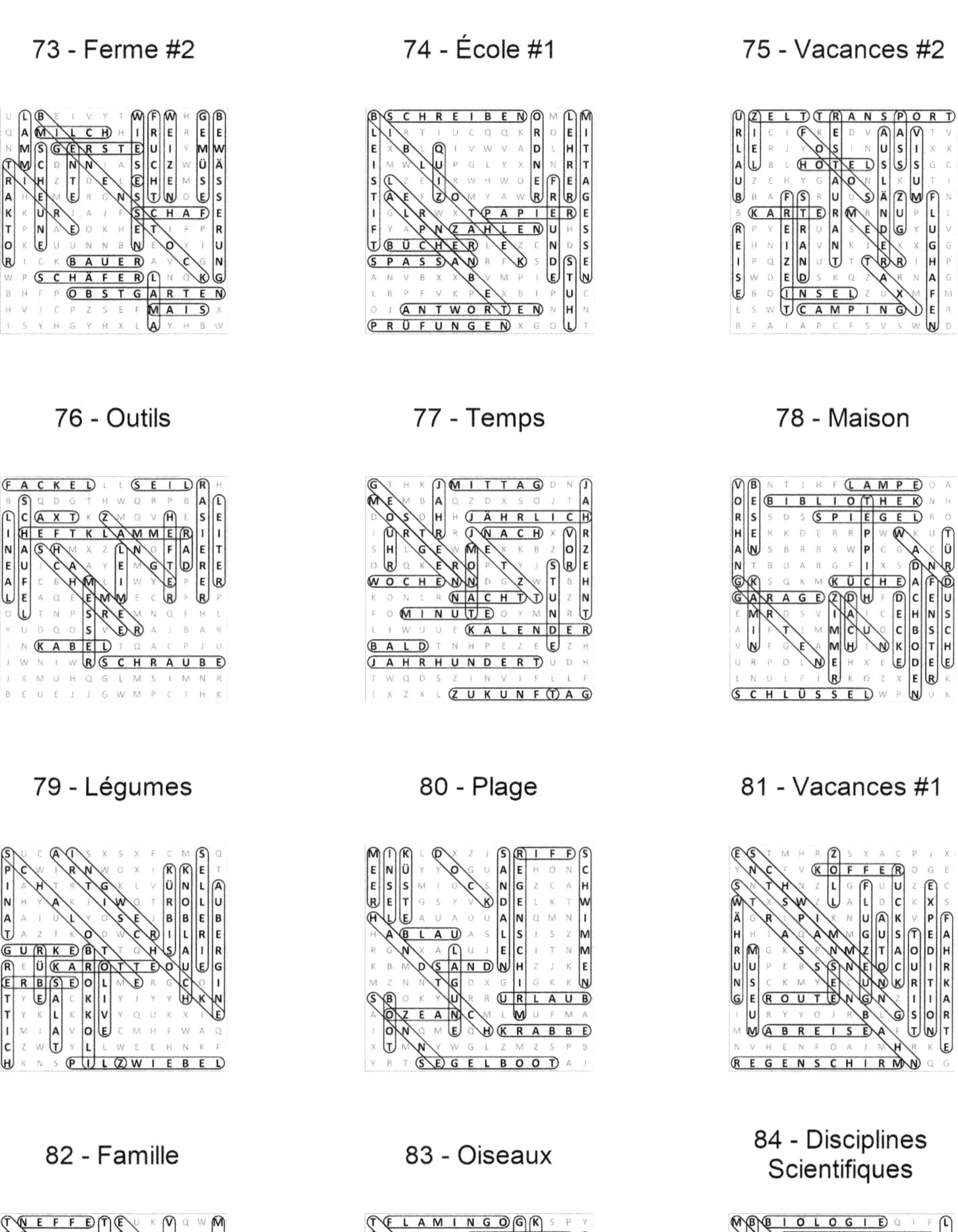

85 - Émotions

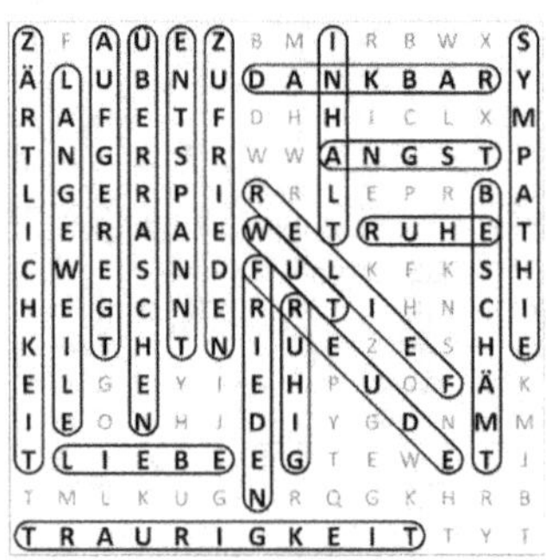

86 - Géographie

87 - Danse

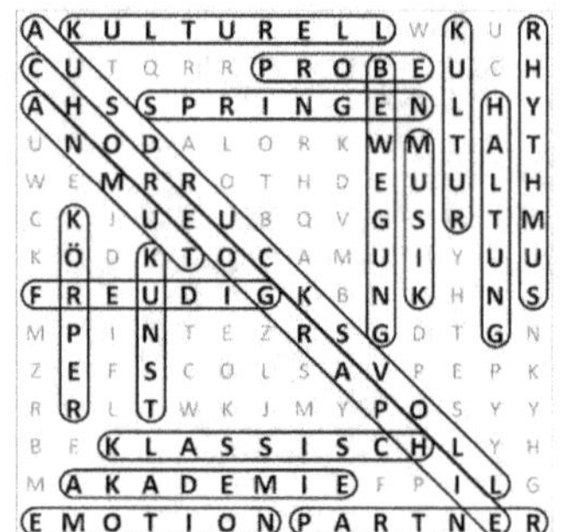

88 - Bâtiments

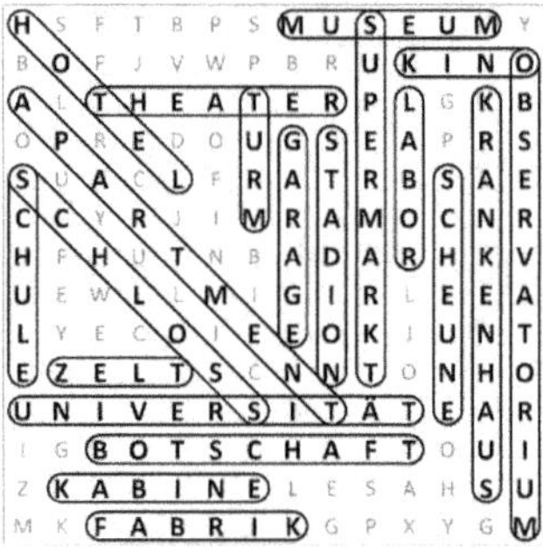

89 - Pêche

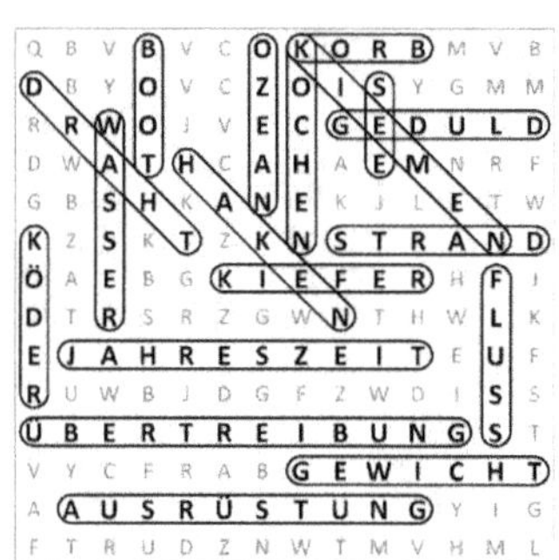

90 - Activités et Loisirs

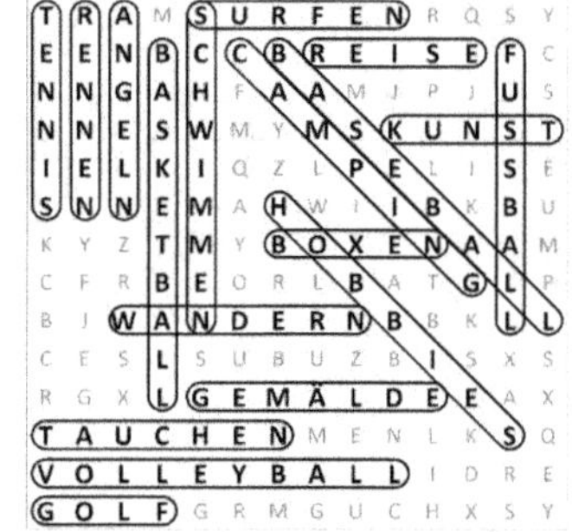

91 - Livres

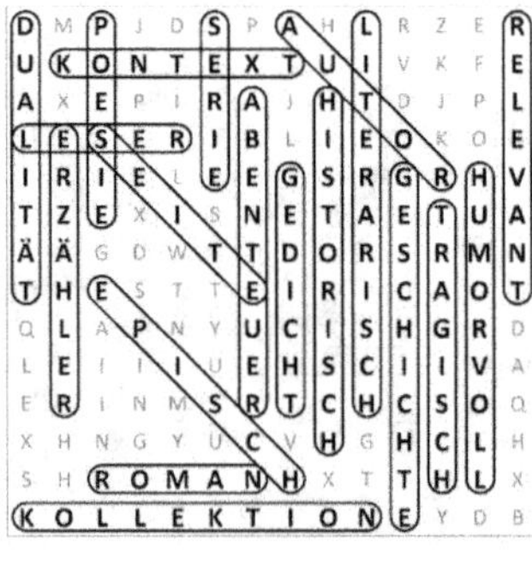

92 - Pays #2

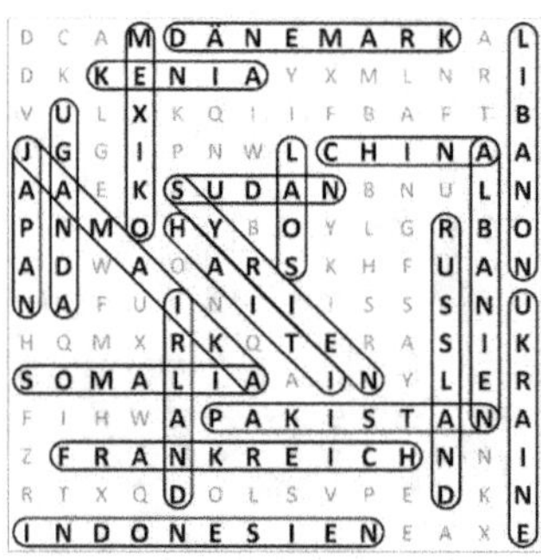

93 - Fournitures d'Art

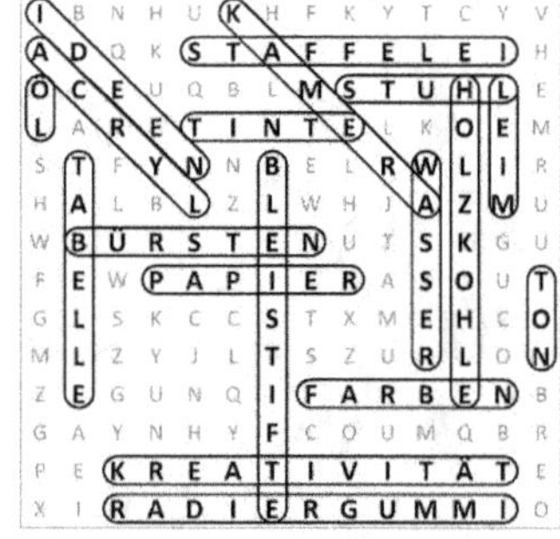

94 - Jouets

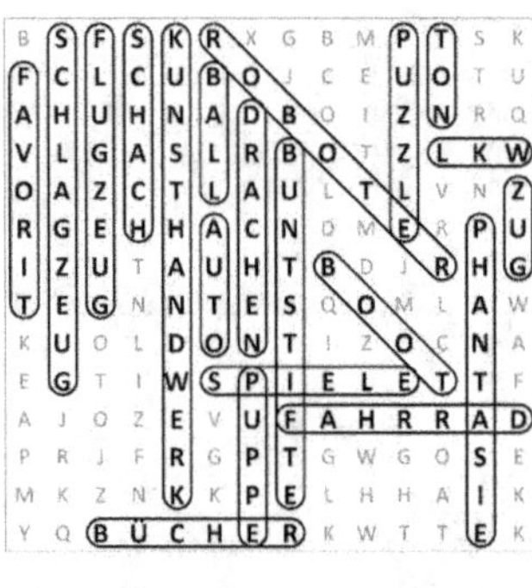

95 - Eau

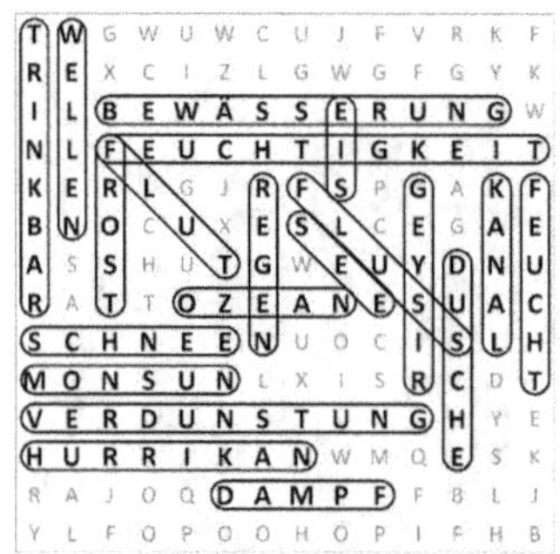

96 - Paysages

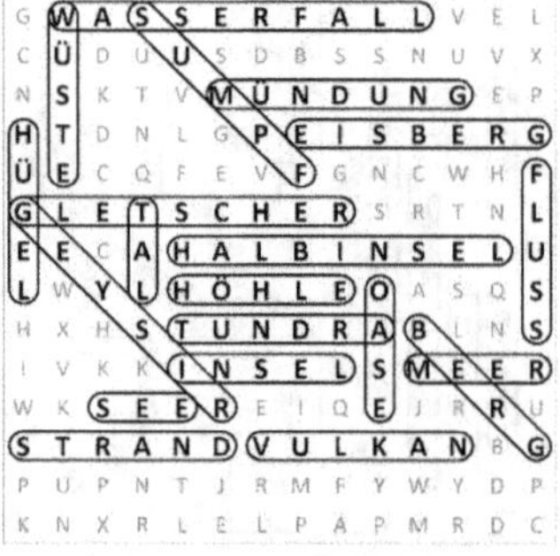

97 - Nombres

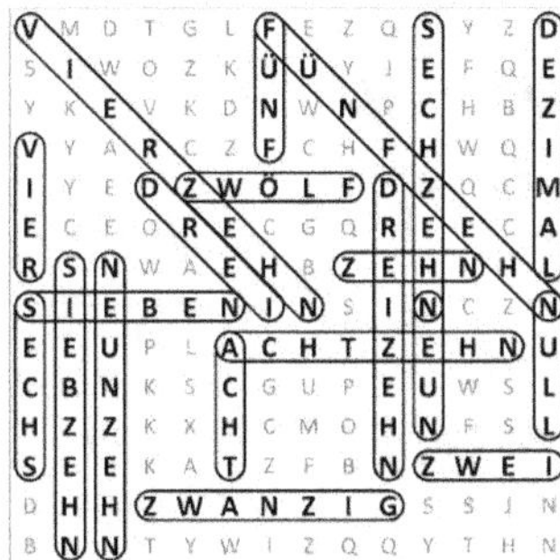

98 - Nature

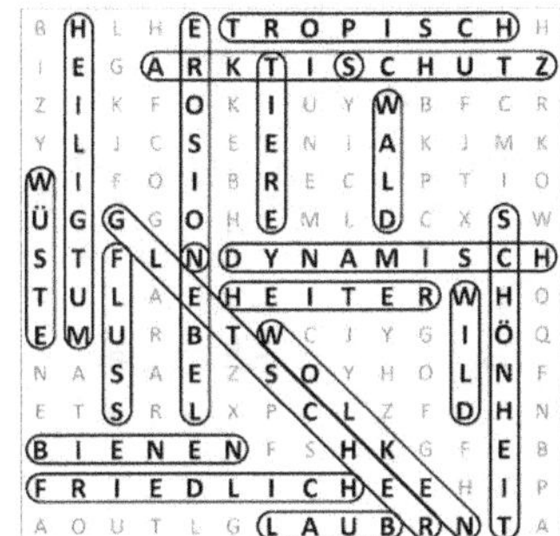

99 - Bateaux

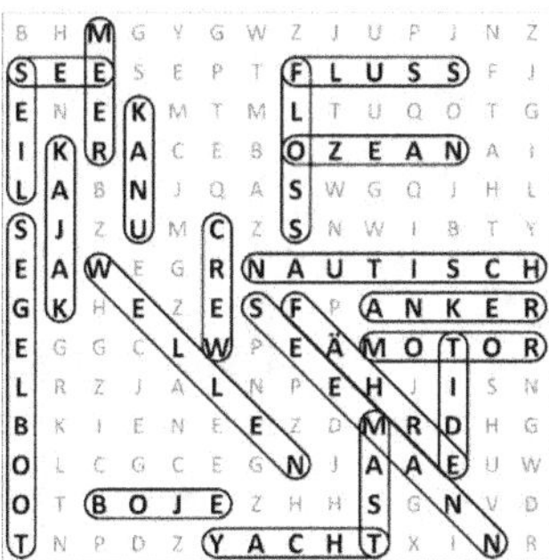

100 - Mesures

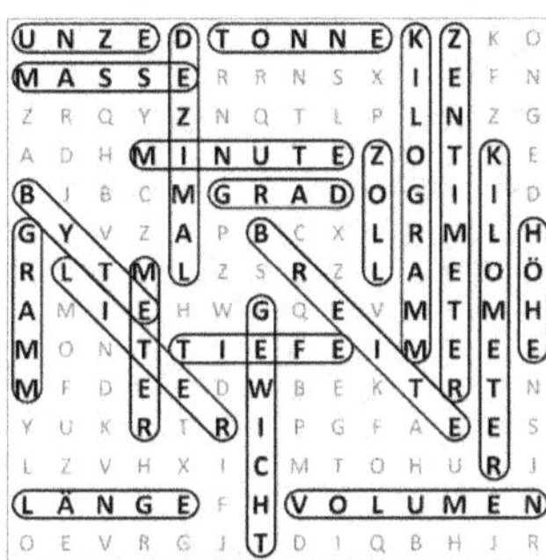

Dictionnaire

Activités
Aktivitäten

Activité	Aktivität
Art	Kunst
Artisanat	Kunsthandwerk
Camping	Camping
Céramique	Keramik
Chasse	Jagd
Compétence	Fähigkeit
Couture	Nähen
Intérêts	Interessen
Jardinage	Gartenarbeit
Jeux	Spiele
Lecture	Lesen
Loisir	Freizeit
Magie	Magie
Peinture	Gemälde
Pêche	Angeln
Photographie	Fotografie
Plaisir	Vergnügen
Randonnée	Wandern
Relaxation	Entspannung

Activités et Loisirs
Aktivitäten und Freizeit

Art	Kunst
Base-Ball	Baseball
Basket-Ball	Basketball
Boxe	Boxen
Camping	Camping
Course	Rennen
Football	Fussball
Golf	Golf
Jardinage	Gartenarbeit
Nager	Schwimmen
Passe-Temps	Hobbies
Peinture	Gemälde
Pêche	Angeln
Plongée	Tauchen
Randonnée	Wandern
Relaxant	Entspannend
Surf	Surfen
Tennis	Tennis
Volley-Ball	Volleyball
Voyage	Reise

Adjectifs #1
Adjektive #1

Absolu	Absolut
Actif	Aktiv
Ambitieux	Ehrgeizig
Aromatique	Aromatisch
Artistique	Künstlerisch
Attractif	Attraktiv
Beau	Schön
Exotique	Exotisch
Énorme	Riesig
Généreux	Grosszügig
Honnête	Ehrlich
Identique	Identisch
Important	Wichtig
Innocent	Unschuldig
Jeune	Jung
Lent	Langsam
Lourd	Schwer
Mince	Dünn
Moderne	Modern
Parfait	Perfekt

Adjectifs #2
Adjektive #2

Authentique	Authentisch
Célèbre	Berühmt
Chaud	Heiss
Créatif	Kreativ
Descriptif	Beschreibend
Doué	Begabt
Dramatique	Dramatisch
Élégant	Elegant
Fier	Stolz
Fort	Stark
Intéressant	Interessant
Naturel	Natürlich
Nouveau	Neu
Productif	Produktiv
Pur	Rein
Sain	Gesund
Salé	Salzig
Sauvage	Wild
Sec	Trocken
Somnolent	Schläfrig

Animaux de Compagnie
Haustiere

Chat	Katze
Chaton	Kätzchen
Chèvre	Ziege
Chien	Hund
Chiot	Welpe
Collier	Kragen
Eau	Wasser
Griffes	Krallen
Hamster	Hamster
Laisse	Leine
Lapin	Hase
Lézard	Eidechse
Nourriture	Essen
Perroquet	Papagei
Poisson	Fisch
Queue	Schwanz
Souris	Maus
Tortue	Schildkröte
Vache	Kuh
Vétérinaire	Tierarzt

Anniversaire
Geburtstag

Amis	Freunde
Amusement	Spass
Année	Jahr
Apprendre	Lernen
Bougies	Kerzen
Cadeau	Geschenk
Calendrier	Kalender
Cartes	Karten
Chanson	Lied
Fête	Feier
Gâteau	Kuchen
Heureux	Glücklich
Invitations	Einladungen
Jeune	Jung
Jour	Tag
Joyeux	Freudig
Né	Geboren
Sagesse	Weisheit
Spécial	Spezial
Temps	Zeit

Antarctique
Antarktis

Baie	Bucht
Baleines	Wale
Chercheur	Forscher
Conservation	Erhaltung
Continent	Kontinent
Eau	Wasser
Environnement	Umwelt
Expédition	Expedition
Géographie	Geographie
Glace	Eis
Glaciers	Gletscher
Îles	Inseln
Migration	Migration
Minéraux	Mineralien
Nuage	Wolken
Oiseaux	Vögel
Péninsule	Halbinsel
Rocheux	Felsig
Température	Temperatur
Topographie	Topographie

Art
Kunst

Céramique	Keramik
Complexe	Komplex
Créer	Schaffen
Dépeindre	Porträtieren
Expression	Ausdruck
Honnête	Ehrlich
Humeur	Stimmung
Inspiré	Inspiriert
Original	Original
Peintures	Gemälde
Personnel	Persönlich
Poésie	Poesie
Sculpture	Skulptur
Simple	Einfach
Sujet	Gegenstand
Surréalisme	Surrealismus
Symbole	Symbol
Visuel	Visuell

Arts Visuels
Bildende Kunst

Architecture	Architektur
Argile	Ton
Artiste	Künstler
Céramique	Keramik
Charbon	Holzkohle
Chef-D'Œuvre	Meisterwerk
Chevalet	Staffelei
Cire	Wachs
Craie	Kreide
Crayon	Bleistift
Créativité	Kreativität
Film	Film
Peinture	Gemälde
Perspective	Perspektive
Photographie	Foto
Pochoir	Schablone
Portrait	Porträt
Sculpture	Skulptur
Stylo	Stift
Vernis	Lack

Astronomie
Astronomie

Astéroïde	Asteroid
Astronaute	Astronaut
Astronome	Astronom
Ciel	Himmel
Constellation	Konstellation
Cosmos	Kosmos
Éclipse	Finsternis
Fusée	Rakete
Galaxie	Galaxie
Lune	Mond
Météore	Meteor
Nébuleuse	Nebel
Observatoire	Observatorium
Planète	Planet
Radiation	Strahlung
Satellite	Satellit
Solaire	Solar
Supernova	Supernova
Terre	Erde
Univers	Universum

Aventure
Abenteuer

Activité	Aktivität
Beauté	Schönheit
Bravoure	Tapferkeit
Chance	Chance
Dangereux	Gefährlich
Destination	Ziel
Difficulté	Schwierigkeit
Enthousiasme	Begeisterung
Excursion	Ausflug
Inhabituel	Ungewöhnlich
Itinéraire	Route
Joie	Freude
Nature	Natur
Navigation	Navigation
Nouveau	Neu
Opportunité	Gelegenheit
Préparation	Vorbereitung
Sécurité	Sicherheit
Surprenant	Überraschend
Voyages	Reisen

Avions
Flugzeuge

Air	Luft
Atmosphère	Atmosphäre
Atterrissage	Landung
Aventure	Abenteuer
Ballon	Ballon
Carburant	Brennstoff
Ciel	Himmel
Construction	Konstruktion
Descente	Abstieg
Direction	Richtung
Équipage	Crew
Gonfler	Aufblasen
Hauteur	Höhe
Hélices	Propeller
Histoire	Geschichte
Hydrogène	Wasserstoff
Moteur	Motor
Passager	Passagier
Pilote	Pilot
Turbulence	Turbulenz

Ballet
Ballett

Applaudissement	Applaus
Artistique	Künstlerisch
Ballerine	Ballerina
Chorégraphie	Choreographie
Compétence	Fähigkeit
Compositeur	Komponist
Danseurs	Tänzer
Expressif	Ausdrucksvoll
Geste	Geste
Gracieux	Anmutig
Intensité	Intensität
Muscles	Muskel
Musique	Musik
Orchestre	Orchester
Public	Publikum
Répétition	Probe
Rythme	Rhythmus
Solo	Solo
Style	Stil
Technique	Technik

Barbecues
Barbecues

Chaud	Heiss
Couteaux	Messer
Déjeuner	Mittagessen
Dîner	Abendessen
Enfants	Kinder
Été	Sommer
Faim	Hunger
Famille	Familie
Fruit	Frucht
Gril	Grill
Jeux	Spiele
Légumes	Gemüse
Musique	Musik
Oignons	Zwiebeln
Poivre	Pfeffer
Poulet	Huhn
Salades	Salate
Sauce	Sosse
Sel	Salz
Tomates	Tomaten

Bateaux
Boote

Ancre	Anker
Bouée	Boje
Canoë	Kanu
Corde	Seil
Équipage	Crew
Ferry	Fähre
Fleuve	Fluss
Kayak	Kajak
Lac	See
Marée	Tide
Marin	Seemann
Mât	Mast
Mer	Meer
Moteur	Motor
Nautique	Nautisch
Océan	Ozean
Radeau	Floss
Vagues	Wellen
Voilier	Segelboot
Yacht	Yacht

Bâtiments
Gebäude

Ambassade	Botschaft
Appartement	Apartment
Cabine	Kabine
Château	Schloss
Cinéma	Kino
École	Schule
Garage	Garage
Grange	Scheune
Hôpital	Krankenhaus
Hôtel	Hotel
Laboratoire	Labor
Musée	Museum
Observatoire	Observatorium
Stade	Stadion
Supermarché	Supermarkt
Tente	Zelt
Théâtre	Theater
Tour	Turm
Université	Universität
Usine	Fabrik

Camping
Camping

Animaux	Tiere
Aventure	Abenteuer
Boussole	Kompass
Cabine	Kabine
Canoë	Kanu
Carte	Karte
Chapeau	Hut
Chasse	Jagd
Corde	Seil
Équipement	Ausrüstung
Feu	Feuer
Forêt	Wald
Hamac	Hängematte
Insecte	Insekt
Lac	See
Lanterne	Laterne
Lune	Mond
Montagne	Berg
Nature	Natur
Tente	Zelt

Championnat
Meisterschaft

Champion	Champion
Championnat	Meisterschaft
Endurance	Ausdauer
Entraîneur	Trainer
Équipe	Mannschaft
Finaliste	Finalist
Jeux	Spiele
Juge	Richter
Ligue	Liga
Médaille	Medaille
Motivation	Motivation
Performance	Performance
Respirer	Atmen
Sports	Sport
Stratégie	Strategie
Tournoi	Turnier
Transpiration	Schweiss
Victoire	Sieg

Chats
Katzen

Affectueux	Liebevoll
Chasseur	Jäger
Curieux	Neugierig
Dormir	Schlafen
Drôle	Komisch
Espiègle	Verspielt
Fil	Garn
Fou	Verrückt
Fourrure	Fell
Griffe	Kralle
Indépendant	Unabhängig
Patte	Pfote
Peu	Wenig
Queue	Schwanz
Rapide	Schnell
Sauvage	Wild
Souris	Maus
Timide	Schüchtern

Châteaux
Schlösser

Armure	Rüstung
Bouclier	Schild
Catapulte	Katapult
Cheval	Pferd
Chevalier	Ritter
Couronne	Krone
Dragon	Drache
Dynastie	Dynastie
Empire	Reich
Épée	Schwert
Féodal	Feudal
Forteresse	Festung
Licorne	Einhorn
Mur	Wand
Noble	Edel
Palais	Palast
Prince	Prinz
Princesse	Prinzessin
Royaume	Königreich
Tour	Turm

Chocolat
Schokolade

Amer	Bitter
Antioxydant	Antioxidans
Arôme	Aroma
Artisanal	Handwerklich
Cacahuètes	Erdnüsse
Cacao	Kakao
Calories	Kalorien
Caramel	Karamell
Délicieux	Köstlich
Doux	Süss
Envie	Verlangen
Exotique	Exotisch
Favori	Favorit
Ingrédient	Zutat
Noix de Coco	Kokosnuss
Poudre	Pulver
Qualité	Qualität
Recette	Rezept
Saveur	Geschmack
Sucre	Zucker

Cirque
Zirkus

Acrobate	Akrobat
Animaux	Tiere
Ballons	Ballons
Billet	Fahrkarte
Clown	Clown
Costume	Kostüm
Divertir	Unterhalten
Éléphant	Elefant
Jongleur	Jongleur
Lion	Löwe
Magicien	Zauberer
Magie	Magie
Montrer	Zeigen
Musique	Musik
Parade	Parade
Singe	Affe
Spectaculaire	Spektakulär
Spectateur	Zuschauer
Tente	Zelt
Tigre	Tiger

Conduite
Fahren

Accident	Unfall
Bus	Bus
Camion	Lkw
Carburant	Brennstoff
Carte	Karte
Danger	Gefahr
Freins	Bremsen
Garage	Garage
Gaz	Gas
Licence	Lizenz
Moteur	Motor
Moto	Motorrad
Piéton	Fussgänger
Police	Polizei
Route	Strasse
Sécurité	Sicherheit
Trafic	Verkehr
Transport	Transport
Tunnel	Tunnel
Voiture	Auto

Conservation
Erhaltung

Bénévole	Freiwillige
Climat	Klima
Cycle	Zyklus
Durable	Nachhaltig
Eau	Wasser
Environnemental	Umwelt
Écosystème	Ökosystem
Éducation	Bildung
Habitat	Lebensraum
Naturel	Natürlich
Organique	Organisch
Pesticide	Pestizid
Pollution	Verschmutzung
Recycler	Recyceln
Réduire	Reduzieren
Santé	Gesundheit
Vert	Grün

Corps Humain
Menschlicher Körper

Bouche	Mund
Cerveau	Gehirn
Cheville	Knöchel
Cou	Hals
Coude	Ellbogen
Cœur	Herz
Doigt	Finger
Estomac	Magen
Épaule	Schulter
Genou	Knie
Lèvres	Lippen
Main	Hand
Mâchoire	Kiefer
Menton	Kinn
Nez	Nase
Oreille	Ohr
Peau	Haut
Sang	Blut
Tête	Kopf
Visage	Gesicht

Couleurs
Farben

Azur	Azurblau
Beige	Beige
Blanc	Weiss
Bleu	Blau
Cramoisi	Purpur
Cyan	Zyan
Fuchsia	Fuchsie
Gris	Grau
Indigo	Indigo
Jaune	Gelb
Magenta	Magenta
Marron	Braun
Noir	Schwarz
Orange	Orange
Rose	Rosa
Rouge	Rot
Sépia	Sepia
Vert	Grün
Violet	Lila

Cuisine
Küche

Baguettes	Essstäbchen
Bol	Schüssel
Bouilloire	Wasserkocher
Couteaux	Messer
Cruche	Krug
Cuillères	Löffel
Épices	Gewürze
Éponge	Schwamm
Four	Ofen
Fourchettes	Gabeln
Gril	Grill
Louche	Kelle
Nourriture	Essen
Recette	Rezept
Réfrigérateur	Kühlschrank
Serviette	Serviette
Tablier	Schürze
Tasses	Tassen

Danse
Tanzen

Académie	Akademie
Art	Kunst
Chorégraphie	Choreographie
Classique	Klassisch
Corps	Körper
Culture	Kultur
Culturel	Kulturell
Expressif	Ausdrucksvoll
Émotion	Emotion
Grâce	Anmut
Joyeux	Freudig
Mouvement	Bewegung
Musique	Musik
Partenaire	Partner
Posture	Haltung
Répétition	Probe
Rythme	Rhythmus
Saut	Springen
Traditionnel	Traditionell
Visuel	Visuell

Dinosaures
Dinosaurier

Ailes	Flügel
Disparition	Verschwinden
Espèce	Art
Énorme	Enorm
Évolution	Evolution
Fossiles	Fossilien
Grand	Gross
Mammouth	Mammut
Omnivore	Allesfresser
Préhistorique	Prähistorisch
Proie	Beute
Queue	Schwanz
Rapace	Raubvogel
Reptile	Reptil
Taille	Grösse
Terre	Erde
Vicieux	Bösartig

Disciplines Scientifiques
Wissenschaftliche Disziplinen

Anatomie	Anatomie
Archéologie	Archäologie
Astronomie	Astronomie
Biochimie	Biochemie
Biologie	Biologie
Botanique	Botanik
Chimie	Chemie
Écologie	Ökologie
Géologie	Geologie
Immunologie	Immunologie
Linguistique	Linguistik
Mécanique	Mechanik
Météorologie	Meteorologie
Minéralogie	Mineralogie
Neurologie	Neurologie
Physiologie	Physiologie
Psychologie	Psychologie
Sociologie	Soziologie
Thermodynamique	Thermodynamik
Zoologie	Zoologie

Eau
Wasser

Canal	Kanal
Douche	Dusche
Évaporation	Verdunstung
Fleuve	Fluss
Gel	Frost
Geyser	Geysir
Glace	Eis
Humide	Feucht
Humidité	Feuchtigkeit
Inondation	Flut
Irrigation	Bewässerung
Lac	See
Mousson	Monsun
Neige	Schnee
Océan	Ozean
Ouragan	Hurrikan
Pluie	Regen
Potable	Trinkbar
Vagues	Wellen
Vapeur	Dampf

Escalade
Klettern

Altitude	Höhe
Atmosphère	Atmosphäre
Blessure	Verletzung
Bottes	Stiefel
Carte	Karte
Casque	Helm
Curiosité	Neugier
Expert	Experte
Étroit	Schmal
Force	Stärke
Formation	Ausbildung
Gants	Handschuhe
Grotte	Höhle
Guides	Führer
Physique	Physisch
Randonnée	Wandern
Stabilité	Stabilität
Terrain	Gelände

Exploration
Erforschung

Activité	Aktivität
Animaux	Tiere
Apprendre	Lernen
Courage	Mut
Cultures	Kulturen
Dangers	Gefahren
Découverte	Entdeckung
Espace	Raum
Excitation	Aufregung
Épuisement	Erschöpfung
Inconnu	Unbekannt
Langue	Sprache
Lointain	Fern
Nouveau	Neu
Périlleux	Gefährlich
Quête	Suche
Sauvage	Wild
Terrain	Gelände
Voyage	Reise

Échecs
Schach

Adversaire	Gegner
Apprendre	Lernen
Blanc	Weiss
Champion	Champion
Concours	Wettbewerb
Diagonal	Diagonal
Intelligent	Klug
Jeu	Spiel
Joueur	Spieler
Noir	Schwarz
Passif	Passiv
Points	Punkte
Reine	Königin
Règles	Regeln
Roi	König
Sacrifice	Opfer
Stratégie	Strategie
Temps	Zeit
Tournoi	Turnier

École #1
Schule #1

Alphabet	Alphabet
Amis	Freunde
Amusement	Spass
Apprendre	Lernen
Bibliothèque	Bibliothek
Bureau	Schreibtisch
Chaise	Stuhl
Crayon	Bleistift
Déjeuner	Mittagessen
Dossiers	Ordner
Enseignant	Lehrer
Examens	Prüfungen
Écrire	Schreiben
Livres	Bücher
Math	Mathematik
Nombres	Zahlen
Papier	Papier
Quiz	Quiz
Réponses	Antworten
Salle de Classe	Klassenzimmer

École #2
Schule #2

Activités	Aktivitäten
Apprentissage	Lernen
Bibliothèque	Bibliothek
Bus	Bus
Calendrier	Kalender
Ciseaux	Schere
Crayon	Bleistift
Dictionnaire	Wörterbuch
Enseignant	Lehrer
Écriture	Schreiben
Éducation	Bildung
Grammaire	Grammatik
Jeux	Spiele
Lecture	Lesen
Littérature	Literatur
Livres	Bücher
Math	Mathematik
Ordinateur	Computer
Papier	Papier
Science	Wissenschaft

Écologie
Ökologie

Bénévoles	Freiwillige
Climat	Klima
Communautés	Gemeinschaft
Diversité	Vielfalt
Durable	Nachhaltig
Espèce	Art
Faune	Fauna
Flore	Flora
Global	Global
Habitat	Lebensraum
Marais	Sumpf
Marin	Marine
Montagnes	Berge
Nature	Natur
Naturel	Natürlich
Plantes	Pflanzen
Ressources	Ressourcen
Sécheresse	Dürre
Survie	Überleben
Végétation	Vegetation

Émotions
Emotionen

Amour	Liebe
Calme	Ruhig
Colère	Wut
Contenu	Inhalt
Détendu	Entspannt
Embarrassé	Beschämt
Ennui	Langeweile
Excité	Aufgeregt
Joie	Freude
Paix	Frieden
Peur	Angst
Reconnaissant	Dankbar
Relief	Relief
Satisfait	Zufrieden
Surprise	Überraschen
Sympathie	Sympathie
Tendresse	Zärtlichkeit
Tranquillité	Ruhe
Tristesse	Traurigkeit

Épices
Gewürze

Aigre	Sauer
Ail	Knoblauch
Amer	Bitter
Anis	Anis
Cannelle	Zimt
Cardamome	Kardamom
Coriandre	Koriander
Cumin	Kreuzkümmel
Curry	Curry
Fenouil	Fenchel
Gingembre	Ingwer
Muscade	Muskatnuss
Oignon	Zwiebel
Paprika	Paprika
Poivre	Pfeffer
Réglisse	Lakritze
Safran	Safran
Saveur	Geschmack
Sel	Salz
Vanille	Vanille

Été
Sommer

Amis	Freunde
Camping	Camping
Étoiles	Sterne
Famille	Familie
Jardin	Garten
Jeux	Spiele
Joie	Freude
Livres	Bücher
Loisir	Freizeit
Mer	Meer
Musique	Musik
Nager	Schwimmen
Nourriture	Essen
Plage	Strand
Plongée	Tauchen
Relaxation	Entspannung
Sandales	Sandalen
Vacances	Urlaub
Voyage	Reise

Famille
Familie

Ancêtre	Vorfahr
Cousin	Vetter
Enfance	Kindheit
Enfant	Kind
Enfants	Kinder
Femme	Ehefrau
Fille	Tochter
Frère	Bruder
Grand-Mère	Grossmutter
Grand-Père	Grossvater
Mari	Ehemann
Maternel	Mütterlich
Mère	Mutter
Neveu	Neffe
Nièce	Nichte
Oncle	Onkel
Paternel	Väterlich
Père	Vater
Soeur	Schwester
Tante	Tante

Ferme #1
Bauernhof #1

Abeille	Biene
Âne	Esel
Bison	Bison
Champ	Feld
Chat	Katze
Cheval	Pferd
Chèvre	Ziege
Chien	Hund
Clôture	Zaun
Cochon	Schwein
Corbeau	Krähe
Eau	Wasser
Engrais	Dünger
Foin	Heu
Miel	Honig
Poulet	Huhn
Riz	Reis
Troupeau	Herde
Vache	Kuh
Veau	Kalb

Ferme #2
Bauernhof #2

Agneau	Lamm
Agriculteur	Bauer
Animaux	Tiere
Berger	Schäfer
Blé	Weizen
Canard	Ente
Fruit	Frucht
Grange	Scheune
Irrigation	Bewässerung
Lait	Milch
Lama	Lama
Légume	Gemüse
Maïs	Mais
Mouton	Schaf
Nourriture	Essen
Orge	Gerste
Pré	Wiese
Ruche	Bienenstock
Tracteur	Traktor
Verger	Obstgarten

Fleurs
Blumen

Bouquet	Strauss
Gardénia	Gardenie
Hibiscus	Hibiskus
Jasmin	Jasmin
Lavande	Lavendel
Lilas	Lila
Lys	Lilie
Magnolia	Magnolie
Marguerite	Gänseblümchen
Orchidée	Orchidee
Passiflore	Passionsblume
Pavot	Mohn
Pétale	Blütenblatt
Pissenlit	Löwenzahn
Pivoine	Pfingstrose
Plumeria	Plumeria
Rose	Rose
Tournesol	Sonnenblume
Trèfle	Klee
Tulipe	Tulpe

Forêt Tropicale
Regenwald

Amphibiens	Amphibien
Botanique	Botanisch
Climat	Klima
Communauté	Gemeinschaft
Diversité	Vielfalt
Espèce	Art
Indigène	Einheimisch
Insectes	Insekten
Jungle	Dschungel
Mammifères	Säugetiere
Mousse	Moos
Nature	Natur
Nuage	Wolken
Oiseaux	Vögel
Précieux	Wertvoll
Refuge	Zuflucht
Respect	Respekt
Survie	Überleben

Formes
Formen

Arc	Bogen
Bords	Kanten
Carré	Quadrat
Cercle	Kreis
Coin	Ecke
Courbe	Kurve
Cône	Kegel
Côté	Seite
Cube	Würfel
Cylindre	Zylinder
Ellipse	Ellipse
Hyperbole	Hyperbel
Ligne	Linie
Ovale	Oval
Polygone	Polygon
Prisme	Prisma
Pyramide	Pyramide
Rectangle	Rechteck
Sphère	Kugel
Triangle	Dreieck

Fournitures d'Art
Kunst Liefert

Acrylique	Acryl
Argile	Ton
Brosses	Bürsten
Caméra	Kamera
Chaise	Stuhl
Charbon	Holzkohle
Chevalet	Staffelei
Colle	Leim
Couleurs	Farben
Crayons	Bleistifte
Créativité	Kreativität
Eau	Wasser
Encre	Tinte
Gomme	Radiergummi
Huile	Öl
Idées	Ideen
Papier	Papier
Table	Tabelle

Fruit
Obst

Abricot	Aprikose
Ananas	Ananas
Avocat	Avocado
Baie	Beere
Banane	Banane
Cerise	Kirsche
Citron	Zitrone
Figue	Feige
Framboise	Himbeere
Goyave	Guave
Kiwi	Kiwi
Mangue	Mango
Melon	Melone
Nectarine	Nektarine
Orange	Orange
Papaye	Papaya
Pêche	Pfirsich
Poire	Birne
Pomme	Apfel
Raisin	Traube

Géographie
Geographie

Altitude	Höhe
Atlas	Atlas
Carte	Karte
Continent	Kontinent
Fleuve	Fluss
Hémisphère	Hemisphäre
Île	Insel
Latitude	Breite
Mer	Meer
Méridien	Meridian
Monde	Welt
Montagne	Berg
Nord	Norden
Océan	Ozean
Ouest	West
Pays	Land
Région	Region
Sud	Süden
Territoire	Gebiet
Ville	Stadt

Géologie
Geologie

Acide	Säure
Calcium	Kalzium
Caverne	Höhle
Continent	Kontinent
Corail	Koralle
Couche	Schicht
Cristaux	Kristalle
Érosion	Erosion
Fondu	Geschmolzen
Fossile	Fossil
Geyser	Geysir
Lave	Lava
Minéraux	Mineralien
Pierre	Stein
Plateau	Plateau
Quartz	Quarz
Sel	Salz
Stalactite	Stalaktit
Volcan	Vulkan
Zone	Zone

Herboristerie
Kräuterkunde

Ail	Knoblauch
Aromatique	Aromatisch
Basilic	Basilikum
Bénéfique	Vorteilhaft
Culinaire	Kulinarisch
Estragon	Estragon
Fenouil	Fenchel
Fleur	Blume
Ingrédient	Zutat
Jardin	Garten
Lavande	Lavendel
Marjolaine	Majoran
Menthe	Minze
Persil	Petersilie
Qualité	Qualität
Romarin	Rosmarin
Safran	Safran
Saveur	Geschmack
Thym	Thymian
Vert	Grün

Insectes
Insekten

Abeille	Biene
Cafard	Kakerlake
Cigale	Zikade
Coccinelle	Marienkäfer
Fourmi	Ameise
Frelon	Hornisse
Guêpe	Wespe
Larve	Larve
Libellule	Libelle
Moustique	Mücke
Papillon	Schmetterling
Puce	Floh
Puceron	Blattlaus
Sauterelle	Heuschrecke
Scarabée	Käfer
Termite	Termite
Ver	Wurm

Instruments de Musique
Musikinstrumente

Banjo	Banjo
Basson	Fagott
Clarinette	Klarinette
Flûte	Flöte
Gong	Gong
Guitare	Gitarre
Harmonica	Mundharmonika
Harpe	Harfe
Hautbois	Oboe
Mandoline	Mandoline
Marimba	Marimba
Percussion	Schlagzeug
Piano	Klavier
Saxophone	Saxophon
Tambour	Trommel
Tambourin	Tamburin
Trombone	Posaune
Trompette	Trompete
Violon	Geige
Violoncelle	Cello

Jardin
Garten

Arbre	Baum
Banc	Bank
Buisson	Busch
Clôture	Zaun
Étang	Teich
Fleur	Blume
Garage	Garage
Hamac	Hängematte
Herbe	Gras
Jardin	Garten
Mauvaises Herbes	Unkraut
Pelle	Schaufel
Pelouse	Rasen
Porche	Veranda
Râteau	Rechen
Sol	Boden
Terrasse	Terrasse
Trampoline	Trampolin
Tuyau	Schlauch
Verger	Obstgarten

Jouets
Spielzeuge

Argile	Ton
Artisanat	Kunsthandwerk
Avion	Flugzeug
Balle	Ball
Bateau	Boot
Camion	Lkw
Cerf-Volant	Drachen
Crayons	Buntstifte
Échecs	Schach
Favori	Favorit
Imagination	Phantasie
Jeux	Spiele
Livres	Bücher
Poupée	Puppe
Puzzle	Puzzle
Robot	Roboter
Tambours	Schlagzeug
Train	Zug
Vélo	Fahrrad
Voiture	Auto

Jours et Mois
Tage und Monate

Août	August
Avril	April
Calendrier	Kalender
Dimanche	Sonntag
Février	Februar
Janvier	Januar
Jeudi	Donnerstag
Juillet	Juli
Juin	Juni
Lundi	Montag
Mardi	Dienstag
Mars	März
Mercredi	Mittwoch
Mois	Monat
Novembre	November
Octobre	Oktober
Samedi	Samstag
Semaine	Woche
Septembre	September
Vendredi	Freitag

Les Abeilles
Bienen

Ailes	Flügel
Bénéfique	Vorteilhaft
Cire	Wachs
Diversité	Vielfalt
Essaim	Schwarm
Écosystème	Ökosystem
Fleur	Blüte
Fleurs	Blumen
Fruit	Frucht
Fumée	Rauch
Habitat	Lebensraum
Insecte	Insekt
Jardin	Garten
Miel	Honig
Nourriture	Essen
Plantes	Pflanzen
Pollen	Pollen
Reine	Königin
Ruche	Bienenkorb
Soleil	Sonne

Légumes
Gemüse

Ail	Knoblauch
Artichaut	Artischocke
Aubergine	Aubergine
Brocoli	Brokkoli
Carotte	Karotte
Céleri	Sellerie
Champignon	Pilz
Citrouille	Kürbis
Concombre	Gurke
Échalote	Schalotte
Épinard	Spinat
Gingembre	Ingwer
Navet	Rübe
Oignon	Zwiebel
Olive	Olive
Persil	Petersilie
Pois	Erbse
Radis	Rettich
Salade	Salat
Tomate	Tomate

Littérature
Literatur

Analogie	Analogie
Analyse	Analyse
Anecdote	Anekdote
Auteur	Autor
Biographie	Biographie
Comparaison	Vergleich
Description	Beschreibung
Dialogue	Dialog
Fiction	Fiktion
Métaphore	Metapher
Narrateur	Erzähler
Opinion	Meinung
Poème	Gedicht
Poétique	Poetisch
Rime	Reim
Roman	Roman
Rythme	Rhythmus
Style	Stil
Thème	Thema
Tragédie	Tragödie

Livres
Bücher

Auteur	Autor
Aventure	Abenteuer
Collection	Kollektion
Contexte	Kontext
Dualité	Dualität
Épique	Episch
Histoire	Geschichte
Historique	Historisch
Humoristique	Humorvoll
Inventif	Erfinderisch
Lecteur	Leser
Littéraire	Literarisch
Narrateur	Erzähler
Page	Seite
Pertinent	Relevant
Poème	Gedicht
Poésie	Poesie
Roman	Roman
Série	Serie
Tragique	Tragisch

Maison
Haus

Balai	Besen
Bibliothèque	Bibliothek
Chambre	Zimmer
Cheminée	Kamin
Clés	Schlüssel
Clôture	Zaun
Cuisine	Küche
Douche	Dusche
Fenêtre	Fenster
Garage	Garage
Grenier	Dachboden
Jardin	Garten
Lampe	Lampe
Miroir	Spiegel
Mur	Wand
Plafond	Decke
Porte	Tür
Rideaux	Vorhang
Tapis	Teppich
Toit	Dach

Mammifères
Säugetiere

Baleine	Wal
Chat	Katze
Cheval	Pferd
Chien	Hund
Coyote	Kojote
Dauphin	Delfin
Éléphant	Elefant
Girafe	Giraffe
Gorille	Gorilla
Kangourou	Känguru
Lapin	Hase
Lion	Löwe
Loup	Wolf
Mouton	Schaf
Ours	Bär
Renard	Fuchs
Singe	Affe
Taureau	Stier
Tigre	Tiger
Zèbre	Zebra

Mathématiques
Mathematik

Angles	Winkel
Arithmétique	Arithmetik
Carré	Quadrat
Circonférence	Umfang
Décimal	Dezimal
Diamètre	Durchmesser
Exposant	Exponent
Équation	Gleichung
Fraction	Bruchteil
Géométrie	Geometrie
Parallèle	Parallel
Perpendiculaire	Senkrecht
Polygone	Polygon
Rayon	Radius
Rectangle	Rechteck
Somme	Summe
Sphère	Kugel
Symétrie	Symmetrie
Triangle	Dreieck
Volume	Volumen

Mesures
Messungen

Centimètre	Zentimeter
Degré	Grad
Décimal	Dezimal
Gramme	Gramm
Hauteur	Höhe
Kilogramme	Kilogramm
Kilomètre	Kilometer
Largeur	Breite
Litre	Liter
Longueur	Länge
Masse	Masse
Mètre	Meter
Minute	Minute
Octet	Byte
Once	Unze
Poids	Gewicht
Pouce	Zoll
Profondeur	Tiefe
Tonne	Tonne
Volume	Volumen

Meubles
Möbel

Armoire	Schrank
Banc	Bank
Bibliothèque	Bücherregal
Bureau	Schreibtisch
Canapé	Couch
Chaise	Stuhl
Commode	Kommode
Étagères	Regal
Fauteuil	Sessel
Futon	Futon
Hamac	Hängematte
Lampe	Lampe
Lit	Bett
Matelas	Matratze
Miroir	Spiegel
Oreiller	Kissen
Rideaux	Vorhang
Tapis	Teppich

Méditation
Meditation

Acceptation	Annahme
Apprendre	Lernen
Bonheur	Glück
Calme	Ruhig
Clarté	Klarheit
Compassion	Mitgefühl
Enseignements	Lehre
Esprit	Verstand
Éveillé	Wach
Gratitude	Dankbarkeit
Mental	Geistig
Mouvement	Bewegung
Musique	Musik
Nature	Natur
Paix	Frieden
Pensées	Gedanken
Perspective	Perspektive
Posture	Haltung
Respiration	Atmung
Silence	Stille

Météo
Wetter

Arc-En-Ciel	Regenbogen
Atmosphère	Atmosphäre
Brise	Brise
Brouillard	Nebel
Calme	Ruhig
Ciel	Himmel
Climat	Klima
Glace	Eis
Mousson	Monsun
Nuage	Wolke
Ouragan	Hurrikan
Polaire	Polar
Sec	Trocken
Sécheresse	Dürre
Température	Temperatur
Tempête	Sturm
Tonnerre	Donner
Tornade	Tornado
Tropical	Tropisch
Vent	Wind

Mythologie
Mythologie

Archétype	Archetyp
Catastrophe	Katastrophe
Comportement	Verhalten
Création	Kreation
Créature	Kreatur
Culture	Kultur
Divinités	Gottheiten
Éclair	Blitz
Force	Stärke
Guerrier	Krieger
Héroïne	Heldin
Héros	Held
Jalousie	Eifersucht
Labyrinthe	Labyrinth
Légende	Legende
Magique	Magisch
Monstre	Monster
Mortel	Sterblich
Tonnerre	Donner
Vengeance	Rache

Nature
Natur

Abeilles	Bienen
Abri	Schutz
Animaux	Tiere
Arctique	Arktis
Beauté	Schönheit
Brouillard	Nebel
Désert	Wüste
Dynamique	Dynamisch
Érosion	Erosion
Feuillage	Laub
Fleuve	Fluss
Forêt	Wald
Glacier	Gletscher
Nuage	Wolken
Paisible	Friedlich
Sanctuaire	Heiligtum
Sauvage	Wild
Serein	Heiter
Tropical	Tropisch
Vital	Lebenswichtig

Nombres
Zahlen

Cinq	Fünf
Deux	Zwei
Décimal	Dezimal
Dix	Zehn
Dix-Huit	Achtzehn
Dix-Neuf	Neunzehn
Dix-Sept	Siebzehn
Douze	Zwölf
Huit	Acht
Neuf	Neun
Quatorze	Vierzehn
Quatre	Vier
Quinze	Fünfzehn
Seize	Sechzehn
Sept	Sieben
Six	Sechs
Treize	Dreizehn
Trois	Drei
Vingt	Zwanzig
Zéro	Null

Nourriture #1
Essen #1

Ail	Knoblauch
Basilic	Basilikum
Café	Kaffee
Cannelle	Zimt
Carotte	Karotte
Citron	Zitrone
Épinard	Spinat
Fraise	Erdbeere
Jus	Saft
Lait	Milch
Navet	Rübe
Oignon	Zwiebel
Orge	Gerste
Poire	Birne
Salade	Salat
Sel	Salz
Soupe	Suppe
Sucre	Zucker
Thon	Thunfisch
Viande	Fleisch

Nourriture #2
Essen #2

Amande	Mandel
Aubergine	Aubergine
Banane	Banane
Blé	Weizen
Brocoli	Brokkoli
Cerise	Kirsche
Céleri	Sellerie
Champignon	Pilz
Chocolat	Schokolade
Jambon	Schinken
Kiwi	Kiwi
Mangue	Mango
Oeuf	Ei
Pain	Brot
Poisson	Fisch
Pomme	Apfel
Poulet	Huhn
Raisin	Traube
Riz	Reis
Tomate	Tomate

Nutrition
Ernährung

Amer	Bitter
Appétit	Appetit
Calories	Kalorien
Comestible	Essbar
Diète	Diät
Digestion	Verdauung
Épices	Gewürze
Équilibré	Ausgewogen
Fermentation	Fermentation
Glucides	Kohlenhydrate
Liquides	Flüssigkeiten
Poids	Gewicht
Protéines	Proteine
Qualité	Qualität
Sain	Gesund
Santé	Gesundheit
Sauce	Sosse
Saveur	Geschmack
Toxine	Toxin
Vitamine	Vitamin

Océan
Ozean

Algue	Seetang
Anguille	Aal
Baleine	Wal
Bateau	Boot
Corail	Koralle
Crabe	Krabbe
Crevette	Garnele
Dauphin	Delfin
Éponge	Schwamm
Huître	Auster
Méduse	Qualle
Poisson	Fisch
Poulpe	Krake
Requin	Hai
Récif	Riff
Sel	Salz
Tempête	Sturm
Thon	Thunfisch
Tortue	Schildkröte
Vagues	Wellen

Oiseaux
Vögel

Aigle	Adler
Autruche	Strauss
Canard	Ente
Cigogne	Storch
Colombe	Taube
Corbeau	Krähe
Coucou	Kuckuck
Cygne	Schwan
Flamant	Flamingo
Héron	Reiher
Manchot	Pinguin
Moineau	Spatz
Mouette	Möwe
Oeuf	Ei
Oie	Gans
Paon	Pfau
Perroquet	Papagei
Pélican	Pelikan
Poulet	Huhn
Toucan	Toucan

Outils
Tools

Agrafe	Heftklammer
Agrafeuse	Hefter
Câble	Kabel
Ciseaux	Schere
Colle	Leim
Corde	Seil
Couteau	Messer
Échelle	Leiter
Hache	Axt
Marteau	Hammer
Pelle	Schaufel
Pinces	Zange
Rasoir	Rasierer
Règle	Lineal
Roue	Rad
Torche	Fackel
Vis	Schraube

Pays #2
Länder #2

Albanie	Albanien
Chine	China
Danemark	Dänemark
France	Frankreich
Haïti	Haiti
Indonésie	Indonesien
Irlande	Irland
Jamaïque	Jamaika
Japon	Japan
Kenya	Kenia
Laos	Laos
Liban	Libanon
Mexique	Mexiko
Ouganda	Uganda
Pakistan	Pakistan
Russie	Russland
Somalie	Somalia
Soudan	Sudan
Syrie	Syrien
Ukraine	Ukraine

Paysages
Landschaften

Cascade	Wasserfall
Colline	Hügel
Désert	Wüste
Estuaire	Mündung
Fleuve	Fluss
Geyser	Geysir
Glacier	Gletscher
Grotte	Höhle
Iceberg	Eisberg
Île	Insel
Lac	See
Marais	Sumpf
Mer	Meer
Montagne	Berg
Oasis	Oase
Péninsule	Halbinsel
Plage	Strand
Toundra	Tundra
Vallée	Tal
Volcan	Vulkan

Pêche
Angeln

Appât	Köder
Bateau	Boot
Branchies	Kiemen
Crochet	Haken
Cuire	Kochen
Eau	Wasser
Exagération	Übertreibung
Équipement	Ausrüstung
Fil	Draht
Fleuve	Fluss
Lac	See
Mâchoire	Kiefer
Océan	Ozean
Panier	Korb
Patience	Geduld
Plage	Strand
Poids	Gewicht
Saison	Jahreszeit

Pirates
Piraten

Ancre	Anker
Aventure	Abenteuer
Capitaine	Kapitän
Carte	Karte
Cicatrice	Narbe
Danger	Gefahr
Drapeau	Flagge
Épée	Schwert
Équipage	Crew
Grotte	Höhle
Île	Insel
Légende	Legende
Mauvais	Schlecht
Océan	Ozean
Or	Gold
Perroquet	Papagei
Pièces	Münzen
Plage	Strand
Rhum	Rum
Trésor	Schatz

Plage
Strand

Bateau	Boot
Bleu	Blau
Côte	Küste
Crabe	Krabbe
Dock	Dock
Île	Insel
Lagune	Lagune
Mer	Meer
Nager	Schwimmen
Océan	Ozean
Parapluie	Regenschirm
Récif	Riff
Sable	Sand
Sandales	Sandalen
Serviette	Handtuch
Soleil	Sonne
Vacances	Urlaub
Voilier	Segelboot

Plantes
Pflanzen

Arbre	Baum
Baie	Beere
Bambou	Bambus
Botanique	Botanik
Buisson	Busch
Cactus	Kaktus
Engrais	Dünger
Feuillage	Laub
Fleur	Blume
Flore	Flora
Forêt	Wald
Grandir	Wachsen
Haricot	Bohne
Herbe	Gras
Jardin	Garten
Lierre	Efeu
Mousse	Moos
Pétale	Blütenblatt
Racine	Wurzel
Végétation	Vegetation

Professions #1
Berufe #1

Ambassadeur	Botschafter
Artiste	Künstler
Astronome	Astronom
Avocat	Rechtsanwalt
Banquier	Bankier
Bijoutier	Juwelier
Cartographe	Kartograph
Chasseur	Jäger
Comptable	Buchhalter
Danseur	Tänzer
Entraîneur	Trainer
Éditeur	Editor
Géologue	Geologe
Médecin	Arzt
Musicien	Musiker
Pianiste	Pianist
Plombier	Klempner
Pompier	Feuerwehrmann
Psychologue	Psychologe
Vétérinaire	Tierarzt

Professions #2
Berufe #2

Astronaute	Astronaut
Bibliothécaire	Bibliothekar
Biologiste	Biologe
Chercheur	Forscher
Chirurgien	Chirurg
Dentiste	Zahnarzt
Détective	Detektiv
Enseignant	Lehrer
Illustrateur	Illustrator
Ingénieur	Ingenieur
Inventeur	Erfinder
Jardinier	Gärtner
Journaliste	Journalist
Linguiste	Linguist
Médecin	Arzt
Peintre	Maler
Philosophe	Philosoph
Photographe	Fotograf
Pilote	Pilot
Zoologiste	Zoologe

Randonnée
Wandern

Animaux	Tiere
Bottes	Stiefel
Camping	Camping
Carte	Karte
Climat	Klima
Eau	Wasser
Falaise	Klippe
Fatigué	Müde
Guides	Führer
Lourd	Schwer
Météo	Wetter
Montagne	Berg
Nature	Natur
Orientation	Orientierung
Parcs	Parks
Pierres	Steine
Préparation	Vorbereitung
Sauvage	Wild
Soleil	Sonne
Sommet	Gipfel

Remplir
Zu Füllen

Baignoire	Wanne
Baril	Fass
Bassin	Becken
Boîte	Box
Bouteille	Flasche
Caisse	Kiste
Carton	Karton
Dossier	Mappe
Enveloppe	Umschlag
Navire	Schiff
Panier	Korb
Paquet	Paket
Plateau	Tablett
Pot	Krug
Sac	Tasche
Seau	Eimer
Tiroir	Schublade
Tube	Rohr
Valise	Koffer
Vase	Vase

Restaurant #1
Restaurant #1

Allergie	Allergie
Assiette	Teller
Bol	Schüssel
Café	Kaffee
Caissier	Kassierer
Couteau	Messer
Cuisine	Küche
Dessert	Dessert
Épicé	Würzig
Menu	Menü
Nourriture	Essen
Pain	Brot
Poulet	Huhn
Réservation	Reservierung
Sauce	Sosse
Serveuse	Kellnerin
Serviette	Serviette
Viande	Fleisch

Restaurant #2
Restaurant #2

Boisson	Getränk
Chaise	Stuhl
Cuillère	Löffel
Déjeuner	Mittagessen
Délicieux	Köstlich
Dîner	Abendessen
Eau	Wasser
Épices	Gewürze
Fourchette	Gabel
Fruit	Frucht
Gâteau	Kuchen
Glace	Eis
Légumes	Gemüse
Nouilles	Nudeln
Oeuf	Eier
Poisson	Fisch
Salade	Salat
Sel	Salz
Serveur	Kellner
Soupe	Suppe

Science
Wissenschaft

Atome	Atom
Chimique	Chemisch
Climat	Klima
Données	Daten
Expérience	Experiment
Évolution	Evolution
Fait	Tatsache
Fossile	Fossil
Gravité	Schwerkraft
Hypothèse	Hypothese
Laboratoire	Labor
Méthode	Methode
Minéraux	Mineralien
Molécules	Moleküle
Nature	Natur
Organisme	Organismus
Particules	Partikel
Physique	Physik
Plantes	Pflanzen

Science-Fiction
Science Fiction

Atomique	Atomic
Cinéma	Kino
Explosion	Explosion
Extrême	Extrem
Fantastique	Fantastisch
Feu	Feuer
Futuriste	Futuristisch
Galaxie	Galaxie
Illusion	Illusion
Imaginaire	Imaginär
Livres	Bücher
Monde	Welt
Mystérieux	Geheimnisvoll
Oracle	Orakel
Planète	Planet
Réaliste	Realistisch
Robots	Roboter
Scénario	Szenario
Technologie	Technologie
Utopie	Utopie

Sports
Sport

Athlète	Athlet
Base-Ball	Baseball
Basket-Ball	Basketball
Championnat	Meisterschaft
Entraîneur	Trainer
Équipe	Mannschaft
Gagnant	Gewinner
Golf	Golf
Gymnase	Gymnasium
Gymnastique	Gymnastik
Hockey	Eishockey
Jeu	Spiel
Joueur	Spieler
Mouvement	Bewegung
Nager	Schwimmen
Stade	Stadion
Tennis	Tennis
Vélo	Fahrrad

Surf
Surfen

Amusement	Spass
Athlète	Athlet
Champion	Champion
Débutant	Anfänger
Estomac	Magen
Extrême	Extrem
Force	Stärke
Foules	Mengen
Météo	Wetter
Mousse	Schaum
Nager	Schwimmen
Océan	Ozean
Pagaie	Paddel
Plage	Strand
Populaire	Beliebt
Récif	Riff
Style	Stil
Vague	Welle

Technologie
Technologie

Affichage	Anzeige
Blog	Blog
Caméra	Kamera
Curseur	Cursor
Données	Daten
Écran	Bildschirm
Fichier	Datei
Internet	Internet
Logiciel	Software
Message	Nachricht
Navigateur	Browser
Numérique	Digital
Octets	Bytes
Ordinateur	Computer
Police	Schriftart
Recherche	Forschung
Sécurité	Sicherheit
Statistiques	Statistik
Virtuel	Virtuell
Virus	Virus

Temps
Zeit

Année	Jahr
Annuel	Jährlich
Après	Nach
Avant	Vor
Bientôt	Bald
Calendrier	Kalender
Décennie	Jahrzehnt
Futur	Zukunft
Heure	Stunde
Hier	Gestern
Horloge	Uhr
Jour	Tag
Maintenant	Jetzt
Matin	Morgen
Midi	Mittag
Minute	Minute
Mois	Monat
Nuit	Nacht
Semaine	Woche
Siècle	Jahrhundert

Types de Cheveux
Haartypen

Argent	Silber
Blanc	Weiss
Blond	Blond
Boucles	Locken
Brillant	Glänzend
Chauve	Kahl
Coloré	Farbig
Court	Kurz
Doux	Weich
Épais	Dick
Frisé	Lockig
Gris	Grau
Long	Lang
Marron	Braun
Mince	Dünn
Noir	Schwarz
Ondulé	Wellig
Sain	Gesund
Sec	Trocken
Tressé	Geflochten

Vacances #1
Urlaub #1

Avion	Flugzeug
Billet	Fahrkarte
Devise	Währung
Départ	Abreise
Douane	Zoll
Expédition	Expedition
Itinéraire	Route
Lac	See
Musée	Museum
Nager	Schwimmen
Parapluie	Regenschirm
Relaxation	Entspannung
Sac à Dos	Rucksack
Touriste	Tourist
Tram	Strassenbahn
Valise	Koffer
Voiture	Auto

Vacances #2
Urlaub #2

Aéroport	Flughafen
Camping	Camping
Carte	Karte
Destination	Ziel
Étranger	Ausländer
Hôtel	Hotel
Île	Insel
Loisir	Freizeit
Mer	Meer
Passeport	Pass
Photos	Fotos
Plage	Strand
Restaurant	Restaurant
Taxi	Taxi
Tente	Zelt
Train	Zug
Transport	Transport
Vacances	Urlaub
Visa	Visum
Voyage	Reise

Véhicules
Fahrzeuge

Ambulance	Krankenwagen
Avion	Flugzeug
Bateau	Boot
Bus	Bus
Camion	Lkw
Caravane	Wohnwagen
Ferry	Fähre
Fusée	Rakete
Hélicoptère	Hubschrauber
Métro	U-Bahn
Moteur	Motor
Pneus	Reifen
Radeau	Floss
Scooter	Roller
Sous-Marin	U-Boot
Taxi	Taxi
Tracteur	Traktor
Train	Zug
Vélo	Fahrrad
Voiture	Auto

Vêtements
Kleidung

Bracelet	Armband
Ceinture	Gürtel
Chapeau	Hut
Chaussure	Schuh
Chemise	Hemd
Chemisier	Bluse
Collier	Halskette
Foulard	Schal
Gants	Handschuhe
Jeans	Jeans
Jupe	Rock
Manteau	Mantel
Mode	Mode
Pantalon	Hose
Pull	Pullover
Pyjama	Schlafanzug
Robe	Kleid
Sandales	Sandalen
Tablier	Schürze
Veste	Jacke

Ville
Stadt

Aéroport	Flughafen
Banque	Bank
Bibliothèque	Bibliothek
Boulangerie	Bäckerei
Cinéma	Kino
Clinique	Klinik
École	Schule
Fleuriste	Blumenhändler
Galerie	Galerie
Hôtel	Hotel
Librairie	Buchhandlung
Marché	Markt
Musée	Museum
Pharmacie	Apotheke
Restaurant	Restaurant
Stade	Stadion
Supermarché	Supermarkt
Théâtre	Theater
Université	Universität
Zoo	Zoo

Félicitations

Vous avez réussi !

Nous espérons que vous avez apprécié ce livre autant que nous avons pris plaisir à le concevoir. Nous faisons de notre mieux pour créer des livres de la meilleure qualité possible.
Cette édition est conçue pour permettre un apprentissage intelligent et de qualité en se divertissant !

Vous avez aimé ce livre ?

Une Simple Demande

Nos livres existent grâce aux avis que vous publiez. Pourriez-vous nous aider en laissant un avis maintenant ?

Voici un lien rapide qui vous mènera à votre page d'évaluation de vos commandes :

BestBooksActivity.com/Avis50

CHALLENGE FINAL !

Défi n°1

Êtes-vous prêt pour votre jeu bonus ? Nous les utilisons tout le temps mais ils ne sont pas si faciles à trouver. Voici les **Synonymes** !

Notez 5 mots que vous avez trouvés dans les puzzles notés ci-dessous (n°21, n°36, n°76) et essayez de trouver 2 synonymes pour chaque mot.

Notez 5 Mots du **Puzzle 21**

Mots	Synonyme 1	Synonyme 2

Notez 5 Mots du **Puzzle 36**

Mots	Synonyme 1	Synonyme 2

Notez 5 Mots du **Puzzle 76**

Mots	Synonyme 1	Synonyme 2

Défi n°2

Maintenant que vous vous êtes échauffé, notez 5 mots que vous avez découverts dans les Puzzles n° 9, n° 17, n° 25 et essayez de trouver 2 antonymes pour chaque mot. Combien pouvez-vous en trouver en 20 minutes ?

Notez 5 Mots du **Puzzle 9**

Mots	Antonyme 1	Antonyme 2

Notez 5 Mots du **Puzzle 17**

Mots	Antonyme 1	Antonyme 2

Notez 5 Mots du **Puzzle 25**

Mots	Antonyme 1	Antonyme 2

Défi n°3

Formidable ! Ce défi final n'est rien pour vous.

Prêt pour le dernier défi ? Choisissez 10 mots que vous avez découverts parmi les différents puzzles et notez-les ci-dessous.

1.	6.
2.	7.
3.	8.
4.	9.
5.	10.

Maintenant, composez un texte en pensant à une personne, un animal ou un lieu que vous aimez !

Astuce: Vous pouvez utiliser la dernière page de ce livre comme brouillon !

Votre Composition :

CARNET DE NOTES :

À TRÈS BIENTÔT !

Toute l'équipe